Invasión Africana

A.Toledano de Diego

A.Toledano de Diego

Primera edición Octubre 2018

Diseño de portada ATdD

Registro de la propiedad intelectual 09-RTPI-03691.2/2019

Hecho en Madrid – España

"Este libro ha sido escrito de manera espontánea, tal como fluían las ideas, sin ser escrito por "un negro", ni maquetado, ni pasado por un revisor ortográfico. De forma que todos los errores que pueda hallar en él, deberán quedar supeditados a la frescura de la escritura.

Prefacio

La civilización europea se está enfrentando a un fenómeno, que llegará a poner en duda su existencia, que es la invasión africana. Ya que los pueblos de dicho continente, huyendo de las pocas perspectivas donde nada tienen que perder, se ven incitados por las mafias que les prometen el maná en el continente europeo y se lanzan a recorrer desde todos los rincones de África, rumbo al norte hasta alcanzar el Mediterráneo. Pasando por todo tipo de humillaciones, violaciones y atrocidades, en busca de la tierra prometida. Porque no nos engañemos, los famélicos que salen por los medios, no son los que buscan salir, puesto que no tienen siquiera dinero para comer, cuanto más para pagar a las mafias, que les exigen unas cantidades por el viaje, que son desorbitantes para ellos. Al fin dejan un continente, aquellos que quieren mejorar económicamente y que les han vendido la idea de que en Europa, todo está hecho y que solo tienen que llegar para disfrutar de sus placeres y bienestar. Las mafias, han visto un filón en la trata de personas vendiéndoles lo que quieren oír. Llegando algunos, a vender todas sus pertenencias e inclusive dejar a sus familias empeñadas de por vida. Con la esperanza que cuando lleguen al paraíso que les aguarda al otro lado del mar, podrán pagar con creces esas deudas contraídas y llegar a enriquecer.

Por un efecto contagioso, aunque les llegan noticias de que muchos de los que lo intentaron, murieron ahogados, tienen la esperanza de que a ellos no les pasará y que llegarán para disfrutar de ese maravilloso mundo que les está aguardando.

Y en esa aventura se embarcarán miles y miles de personas, en busca de ese paraíso, que o bien algunos acabarán en un ataúd u otros se darán cuenta una vez alcanzado, de la gran mentira que les vendieron.

El origen

El fenómeno de la inmigración, es una lacra a nivel mundial. Solo que en los últimos tiempos, dicho fenómeno se ha intensificado muchísimo más. Debido en gran parte a la llamada globalización y a las redes sociales. Las tecnologías han hecho que se "rompan" las fronteras, haciendo que la inmediatez y la facilidad para comunicarse, faciliten las migraciones.

En los últimos dos siglos, Europa se dedicó a expoliar los recursos económicos de África, bajo la excusa de que llegaba al continente negro para extender la civilización. O sea, que esa labor humanitaria no escondía más que la manera de apropiarse de los recursos naturales del continente negro.

Durante la etapa colonial, debido al gran atraso socio-económico de los pueblos que habitaban el continente negro, hizo que las potencias coloniales europeas, se dividiesen el continente como un pastel, llegando a ocuparlo casi totalmente, excepto Liberia, país creado por esclavos libres de los EEUU, a los cuales se les ofreció en su día la posibilidad de regresar a África. Motivo por el cual surgió Liberia.

Después de la segunda guerra mundial, los pueblos nativos del continente negro, empezaron a luchar por librarse del yugo colonial, independizándose a lo largo del siglo XX.

Obviamente, los tiempos habían cambiado y ya no era posible retener territorios bajo una ocupación colonial militar. Por eso como es obvio, las potencias idearon el neocolonialismo, una forma de a través de empresas, seguir esquilmando los recursos de África.

Para desarrollar dicha labor, era necesaria la complicidad de los políticos de esas nuevas naciones independientes, haciendo manipulaciones en sus gobiernos acordes a sus intereses. Para tal labor, situaban a un político corrupto, que no le importaba ser una marioneta, con tal de enriquecerse a cambio.

Dando la sensación a la población africana, que de qué les había valido la independencia de las potencias europeas, si ahora que en teoría eran libres, vivían mucho peor que cuando eran una colonia.

La frustración de la población de África, de comprobar que ahora que podrían guiar sus intereses y destino, esto no era posible, ya que el gobernante corrupto, vendía los recursos naturales de sus países, por un precio muy inferior a su valor de mercado, a cambio de dejarle robar y enriquecerse, bajo el apoyo político y militar de las antiguas potencias europeas; ha provocado que vean la inmigración ilegal, como el único camino para escaparse de ese sistema sin perspectiva alguna para ellos.

Conscientes de que los intereses económicos de las multinacionales, iban a hacer prácticamente imposible derrocar a su propio gobernante corrupto, llegaron a la conclusión que si querían salir de esa situación de carencia, deberían emigrar.

Para muchos puede parecer, que esa idea de emigrar, parece la solución fácil que busca el africano, como arreglar su situación personal. Como si además no tuviesen el orgullo de ser africanos y tuviesen un total desdén por lo que sucede en África.

Pero en el fondo, gran parte de la culpa de tal planteamiento, lo tienen las antiguas potencias coloniales europeas, que con técnicas y métodos modernos, pretenden seguir controlando económicamente las antiguas colonias.

La creación de un sueño

En miles de rincones de África, de ese continente muy rico en recursos naturales, pululan muchísimos de sus habitantes, sin ver un sentido a esa vida que llevan allí. Con las nuevas tecnologías, se sienten seducidos por todo lo que ven a través de una parabólica. Donde ven en las películas, esa irrealidad que no existe, que les enseña que en Europa, se vive muy bien, donde todo el mundo tiene trabajo, vive en lujosas mansiones, posee lujosos coches y tienen parejas de espectacular belleza. Y claro, la fascinación por un lugar donde todo ya está hecho, es inexorable. Pero que en su mente, es una realidad al alcance de todos aquellos que quieran lograrlo.

Por otro lado están aquellos que se aprovechan de las ilusiones ajenas, como son las mafias, que buscan reclutar candidatos para llevarles "al paraíso". Y que como es obvio, prolifera el bulo de que eso que ven en las parabólicas es verdad, aprovechándose de su ignorancia sobre la cruda realidad. Haciéndoles ver, que todo ese lujo les está esperando a ellos en Europa, donde la gente vive sin tener que trabajar con todo lujo. De eso se trata la función de los que se dedican al negocio de la trata de seres humanos.

Por lo tanto con ese mundo tan idílico que les está esperando, raro es aquel que no está dispuesto a dejar todo para conquistar todo eso que según ellos, ya tiene hecho el hombre blanco.

Por otro lado, aunque las ONGs nos traten de vender a los de los países desarrollados, que esos que llegan son esos famélicos que aparecen en los reportajes de hambrunas de África, la realidad no es así. Y para eso basta con pensar, si aparecen así de escuálidos y harapientos, cómo van a tener la capacidad económica de pagar a las mafias, si el precio del viaje equivale a todo un año de trabajo, para lograr ese billete que les lleve al paraíso. Pero, las ONGs han logrado su objetivo concienciar a los europeos, que esa es la realidad de la que huyen, para ablandarlos. Al fin es su forma de sobrevivir, sino de lo contrario las ONGs desaparecerían. La mayoría de los africanos de esos países, viven evidentemente con un nivel de vida inferior a Europa, pero no de toda Europa, sino con la parte rica del continente. A ver, si hay algún iluso que se cree que en Europa el dinero crece en los árboles. Tiene sus miserias igual que cualquier otro sitio, pero solo le enseñan al posible emigrante, el paraíso que se va a encontrar, aunque no sea más que una burda mentira.

Pero claro, eso a los corruptos les da igual, de que la población de sus países esté en la más absoluta pobreza. O sea, los gobernantes de la mayoría de los países africanos, carecen del sentido de solidaridad con su pueblo, importándoles un bledo que llegue en algunos casos a vivir en la más absoluta miseria. Pero claro, ahí empieza esa lacra para los habitantes de esos países, que ven que el dinero por la venta de los recursos naturales de su país, solo va a parar a las cuentas particulares de éstos en el extranjero. No viendo su población beneficio alguno, de la explotación de sus recursos. Ante esa perspectiva, sus habitantes optan por un futuro digno en Europa, donde ven que ya está todo hecho, solo esperando a que ellos lleguen. Dando la sensación que el africano carece del orgullo de serlo, quizá porque vea más factible emprender ese viaje que ver que es imposible luchar porque eso cambie en la corrupción que asola sus países. Optando que es mucho más cómodo apostar por dejar atrás sus míseras pertenencias y lanzarse por esos caminos polvorientos, como si llevasen todos ellos, como una brújula, que apunta al norte, hasta alcanzar al mar Mediterráneo.

Una vez que les han vendido eso de Europa, como van a renunciar a ello. Algo demasiado halagador para el que vive de ensoñaciones, que han visto por medio de las antenas parabólicas que apuntan hacia Europa, que les enseña que solo hay que llegar para disfrutarlo.

Como gran depredador que es el ser humano, que no tiene escrúpulo alguno con tal de hacer negocio y ganar dinero, cualquier medio es válido con tal de lograrlo. Por lo tanto habrá desalmados que no van a descartar por mísero que sea, traficar con las vidas humanas de todos esos que están dispuestos a ver, lo que les quieran enseñar.

Aunque la mayoría de las veces, todo ese mundo de sueños acabe en la más sórdida realidad, de que fueron manipulados y engañados por los especuladores.

Las mafias

Las organizaciones encargadas de proporcionar ese servicio que se demanda, por parte de los que quieren emigrar, son las mafias, que han visto en la trata de personas una auténtica piedra filosofal, los arremolinan en vetustos camiones, diciéndoles que aunque pasarán un trayecto lleno de incomodidades, merecerá la pena, ya que les espera ese paraíso prometido.

Todos esos que se arriesgan por cumplir ese mundo idílico que les prometen, no les importará deshacerse de las pocas pertenencias que les quedan. Con tal de pagar el viaje a las mafias.

Durante esos trayectos, esos pobres miserables que viajan engañados por falsas promesas, también se unirán personas, que no tienen esa necesidad de realizar ese camino, pero que a su vez hacen parte de esos grupos de emigrantes, que aunque su situación económica no es penosa, si ven en ello la única forma de alcanzar Europa, a través de la emigración irregular. En medio de esa masa, se ocultan miembros de organizaciones de narcotraficantes, proxenetas y terroristas, que usan esa forma para pasar de manera desapercibida, para extender los tentáculos de las organizaciones a las que pertenecen.

Muchos de esos que marchan hacia la tierra prometida, serán victimas de humillaciones, explotaciones, violaciones, como método de subsistir hasta alcanzar el objetivo. Con la firme creencia de que todas esas privaciones, serán recompensadas con creces cuando alcancen Europa.

Algunos que nunca habían visto nunca el mar, se quedan maravillados cuando lo contemplan por primera vez en su vida. Aunque sean inconscientes de que para algunos, será su punto final, muriendo ahogados, después de ese largo camino. Pero en su mente, está en la otra orilla, donde está esperándoles el paraíso.

Allí las mafias que tienen que ganarse su fama de cumplidores de su palabra, para ganarse así la propaganda que les permita reclutar nuevos candidatos para su negocio. Son los nuevos "negreros".

Con un organigrama perfectamente orquestado, reclutarán a todos aquellos dispuestos a pagar por la aventura. Al fin, para las mafias, ellos no son más que mercancía.

Los mantendrán ocultos en pisos patera, esperando a que llegue el momento de embarcar, rumbo al paraíso. Mal saben algunos, que allí mismo caerán en las manos de otras mafias que los explotarán en la trata de personas, vendiéndolos como esclavos a los tratantes. Y las mujeres, raro será aquella que durante ese trayecto hasta alcanzar el mar, no haya sido violada. Inclusive les venderán la idea que el llegar embarazadas a Europa, será su salvoconducto para quedarse. O ya las tengan destinadas para ejercer la prostitución si es que llegan a Europa, de mano de un conciudadano que busca *"carne fresca"* para su negocio ya instalado en suelo europeo.

Llega el día de la partida y las mafias que tienen controlados los puntos y fechas idóneos de partida, los embarcan como ganado en vetustas embarcaciones o balsas de goma, con un motor, que en la mayoría de las veces, les dejará tirados en la mitad del camino, bien por falta de combustible o por avería. Las mafias consideran que ya han hecho su parte, avisando a las ONGs que trabajan por la zona, dándoles las coordenadas de esos pobres diablos que han dejado a la deriva. Que si tienen suerte serán hallados, otros correrán peor suerte y morirán tragados por ese mar que les iba a llevar a la tierra prometida.

Así es el comportamiento del ser humano, engañar, enviar y enterrar los sueños de otros a cambio de dinero. Lo cual denota el carácter deshumanizado de ese ser injustamente llamado humano. Pero las mafias no tienen miramientos, son una organización ilegal, cuyo único fin es, la obtención de dinero sea como sea. Aunque para ello sea a cuenta de la vida de incautos, que engañan vendiéndoles un mundo idílico a todo aquél que esté dispuesto a pagar.

El Dorado

Con las nuevas tecnologías, en el mundo de hoy, las noticias llegan a los lugares más recónditos de África.

Quedándoles como único resquicio de satisfacción, mirar las imágenes que les llegan, a través de las parabólicas orientadas hacia Europa. Así se emborrachan de ilusiones, aquellos que sueñan con tener lo que ven por el televisor.

Los europeos no deben caer en el error de entrarnos remordimiento, de decir, pobrecillos, huyen de la miseria. Puesto que no es así, justamente esos que nos muestran que llegan en las pateras, están fornidos y han hecho del viaje su medio para salir de África, ya que de otra forma no conseguirán un visado. Así consiguen emigrar aunque sea ilegalmente, como única forma de llegar. Llegan totalmente indocumentados para dificultar al máximo su devolución a sus países.

Hay que tener en cuenta, que los que tienen esos sueños, empeñan todo con tal de lograr la empresa, inclusive quedando endeudadas las familias que se quedan. Pero con la promesa, de que cuando lleguen a Europa, les devolverán todo lo prestado y empezarán a traerse al resto de la familia legalmente. La cuestión es que uno de la familia ponga el pie en el viejo continente, por eso no especulan en arriesgarlo todo. Teniendo que hacer un desembolso, que es en muchos casos el salario de varios años, dependiendo de lo que se apueste por gastar en seguridad y comodidad, pero con la firme creencia que merecerá la pena, en pro de ese viaje que les llevará al paraíso de *"El Dorado"* o por lo menos es lo que les venden las mafias. Y como ellos saben que de forma legal lo tienen muy difícil, pues apuestan por entrar de manera ilegal, saltándose todas las leyes del país a donde pretenden emigrar.

Una vez pactado el servicio con la mafia correspondiente, empiezan su largo éxodo, atravesando selvas, desiertos y todo tipo de obstáculos, llenos de peligros. Donde muchos morirán por el camino y las mujeres serán violadas con casi total seguridad, por eso llegan tantas embarazadas en las pateras. Ya que los propios violadores, les dicen que hasta les hacen un favor de que al llegar estén preñadas, para no ser devueltas, como así es en realidad.

Después de un tortuoso camino, alcanzan el mar Mediterráneo, donde los tentáculos de las mafias, tienen sus contactos con la connivencia de las fuerzas de seguridad y armadas de esos países ribereños africanos, que son corrompidas con dinero, para hacer la vista gorda, a la hora de ocultar a los ilegales y mirar para otro lado, cuando llega la hora de partir las pateras de sus costas o saltar las vallas de Ceuta y Melilla.

Al fin, no son más que un eslabón más de esa cadena de corrupción que ha empezado en un lugar remoto de África y aunque ellos lo saben, se excusan con saber que ellos no están más que colaborando para la realización de los sueños de esos incautos.

Curiosa circunstancia, que los africanos que tanto demonizan al hombre blanco, como el culpable de todos sus males, no les importe justamente querer ir a donde éste lo tiene todo hecho. Como si no tuviesen dignidad y orgullo de tratar de prosperar en su país. Prefieren instalarse en un lugar donde no será bien visto, con tal de que puedan disfrutar de lo que han sido capaces de hacer los europeos. Donde todo está hecho.

Invirtiendo en futuro

La tendencia de la inmigración ilegal económica está cambiando y las familias africanas, han pasado de apostar por enviar a un familiar adulto, a apostar por enviar a un menor de la familia en su aventura a Europa. Ya que se han dado cuenta que es un camino más práctico y barato para lograr que toda la familia acceda al territorio europeo de forma legal.

Qué hacen, pues enviar a un hijo de entre 16 y 17 años, puesto que al ser rescatado, por ser menor estará protegido por las leyes de los países europeos, justamente por eso no le podrán expulsar. Al revés, le protegerán, invirtiendo en su mantenimiento y educación. Entonces, la familia, solo será cuestión de esperar a que alcance la mayoría de edad, que será en breve tiempo, dado que salen faltándoles un año o dos, para alcanzarla. Éste, una vez que llega a la mayoría de edad, será regularizado por el país de acogida para mejorar su integración. Una vez que ya está legalizado, en cuanto esté trabajando, se acogerá al derecho de reagrupamiento familiar y se traerá poco a poco a toda la familia de manera legal. Otro método empleado es enviar a la mujer embarazada, pues saben que estará totalmente protegida y cuando nazca el niño contará con ayudas para su integración, ya que no será deportada. Para eso en su día, fueron enviados por su familia como *"punta de lanza"*, para lograr el objetivo de que la inversión que se hizo con uno de ellos, acabe beneficiando a toda la familia, por ejemplo dando los frutos de que se instalen en Europa a lo mejor hasta unos 30 familiares. Ya que primero se traen, a los hermanos, después a los padres, después a los abuelos, después a los tíos, después a los primos; etc.

Por eso cada día llegan más menores en las pateras, es una apuesta segura por conseguir los objetivos para toda la familia, al trasvasarse entera a Europa, de una manera legal. Dirán, para qué se traen a los abuelitos, que ya descansan su ancianidad en sus países. Pues muy simple, en sus países generalmente no tienen acceso a una sanidad gratuita ni tampoco cobran pensión alguna. Entonces el hijo emigrante dirá, si el país donde he sido acogido, da facilidades a los mayores que no han llegado a cotizar lo suficiente para tener derecho a una pensión no contributiva al llegar a la edad de jubilación, por qué no voy a acogerme a esa facilidad, aunque mis padres no hayan cotizado ni un solo día. Me los traigo y ya está. Algo que no está nada mal, ya que en su país llegarán a viejos y no tendrán nada, mientras que aquí, *"por el morro"* contarán con una pensión no contributiva vitalicia. Que al cambio del nivel de vida de África es una auténtica fortuna, ya que supera 8 veces el salario medio de sus países. Además de asegurar los tratamientos que necesiten sus padres. Pues aquí hay una sanidad que es un auténtico lujo para ellos, de poder acceder a todo tipo de tratamiento médico sin pagar absolutamente nada, ya que la sanidad es gratuita aunque no coticen. Cosa inimaginable en sus países, si no es pagando. Al fin ellos no tienen la culpa que haya un sistema de buenismo en el país de acogida, solo hacen uso de la coyuntura existente. Pues serán pobres, pero tontos no son.

Los menas

Además, otro gran problema para los países de acogida es, la llegada de los *"menas"* (menores extranjeros no acompañados). Ya que, para algunos países emisores, son moneda de cambio. Ya que al pasar la frontera, el país de origen se desentiende de ellos, ya que es una boca menos que alimentar. Es más hasta parece que les alienta a que se marchen. Puesto que la falta de expectativas laborales, adornado por lo que ven de la vida en Europa a través de las parabólicas, les impulsa a arriesgarse en ese viaje. Saben que al ser menores, no podrán ser deportados, que su país pasará totalmente de ellos y que por lo tanto no aceptará su readmisión, unido a que saben que tienen la manutención asegurada al país donde llegan, nada pierden en el empeño. Ya que en cualquier caso estarán mejor que en su país que dejaron atrás. Y que como mínimo aportarán en un futuro algo provechoso para el país de donde salió. Ya que crecerán sin tener que gastar nada en su formación y ese país que lo ha formado servirá de plataforma. Ya que o bien rescatarán a la familia, cuando sus condiciones laborales lo permitan, que se quedó atrás o enviarán remesas de dinero, que tan bien le vendrán al país del que salió, como divisas. Pero hay la parte oculta de los menas y es que

17

un compatriota suyo, que les animó en la empresa, una vez instalados en el país de acogida, extorsionará a su familia. Exigiéndoles que envíen dinero, si es que quieren que su hijo siga vivo.

El problema se les está planteando a los países europeos, que aun demostrando la procedencia de los menores, sus países se desentienden por completo. Como diciendo, si se van a hacer cargo los países a donde arriban, de ellos, para qué se van a complicar la vida, teniendo que correr con el cargo del gasto de su sostenimiento. Ya que nada ganarán con readmitirlos so pena que haya una contrapartida económica con esos países, en un chantaje humanitario. Viéndose los países de acogida desbordados. Ya que África estará muy mal, como nos cuentan, pero la población no para de aumentar y hay millones de menores esperando su oportunidad. Transformándose en una bomba demográfica con el paso del tiempo, ya que se está duplicando y hasta triplicando su población.

Por lo tanto todos los que piensan en emigrar, ponen sus ojos en Europa, sin pensar para nada que es obvio que las cosas no van a ser fáciles. Pero a ellos eso les da igual, de la misma forma que si les explican que van a llegar millones de emigrantes al mismo destino. Cegados porque todos conseguirán alcanzar el éxito y que a donde van no hay límites, ya que puede absorber a todos los que quieren llegar. A ellos les da igual, solo piensan en su situación y lo demás son historias.

Por eso todos los días hay intentos por los menas de pasar a la península desde los puertos de Ceuta y Melilla. Ciudades donde son abandonados por los propios padres con sus hijos, en busca de una vida mejor.

Emplearán cualquier medio para intentar pasar hacia el continente europeo, como esconderse dentro de atracciones de ferias, ocultarse en los bajos de los camiones, introducirse en el interior de contenedores o depósitos de cemento de los camiones, ajenos al peligro real que corren. Pero son jóvenes y no piensan más que en cruzar el Estrecho.

Después cuando vienen las consecuencias que alguno de ellos muere atropellado al caer de algún camión o aparece asfixiado dentro del contenedor, en el que emprendió su viaje como polizón; sale la frase pobrecitos huyen de la miseria. Eso sí, enseguida aparecerá algún familiar del fallecido, tratando de pillar *"cacho"* del fallecido, intentando sacar alguna indemnización del seguro, del medio en que se había colado. Para otras cosas, cuando buscan al familiar del *"mena"*, no aparece nadie, pero cuando el olor del dinero se expande por la brisa, aparecerá ese familiar seguro.

Los que tienen suerte y consiguen realizar la empresa, sin haber sido detectados por la guardia civil o policía portuaria con los medios detectores, han logrado el objetivo.

Una vez que llegan a Europa, los países de donde proceden se han librado de un colectivo que solo les iba a ocasionar problemas, si se hubieran quedado. Total, que lo único que se ha logrado es traspasar sus problemas y carencias al país en que han arribado.

Como en Europa, la permisividad, el respeto por las leyes es mucho mayor que en sus países, se crecen y empiezan a reclamar. Como si diesen por hecho que como han llegado, el país de acogida tiene que hacerse cargo de todas sus necesidades y sueños.

Y en gran parte es así, ya que en principio son acogidos en un centro para menores, donde les dan ropa, comida y dormida, a la espera de intentar después reubicarles en algún curso de formación.

Allí los trabajadores sociales tendrán que lidiar con menores, que no tienen el más mínimo respeto por ellos, donde inclusive llegarán a atreverse, a pegarles bajo la impunidad que su condición de menores les protege.

Eso conlleva a que las cosas, como no son como *"el estanque de colores"* que les pintaron; empiecen a crear problemas a la sociedad a la cual han arribado. Pues dirán, si los que viven aquí tienen todo eso, yo quiero lo mismo.

Y como el mundo es mucho más crudo de lo que imaginaban, comprobarán que para alcanzar eso que anhelan, necesitan de un buen trabajo que les permita adquirirlo. Cosa que los del país, algunos lo han alcanzado a través del trabajo de varias generaciones. Pero ellos no se paran a pensar en eso, quieren lograrlo por la vía rápida, no están dispuestos a esperar que sus descendientes logren, eso que ellos venían buscando.

Por eso su reacción será abandonar el centro de menores y lanzarse a la calle para conquistar todo aquello que ambicionan.

Cuál es el resultado, embutirse en el mundo marginal, que es el único vehículo que ven para llegar rápido a ver sus deseos cumplidos. Como ser *"camello"*, ladrón o dedicarse a la prostitución. Lo que hará que lejos de haber logrado a lo que aspiraban, se han enquistado en medio de la sociedad de acogida, pero en medio de un mundo sórdido.

La reacción normal de la sociedad de acogida será, de revolverse contra esos menas, que han apostado por delinquir. Puesto que no verá con buenos ojos, que esos menores que han llegado ilegalmente de otro país, se aprovechen de su situación de menores, para cometer todo tipo de atropellos con total impunidad. Ya que esa delincuencia, al ser menores, no les afecta y ellos lo saben. Además como son muy conscientes de que no serán enviados a su país, ya que éste se desentiende de ellos por completo. Les hace crecerse en ese ambiente de la seguridad de impunidad total que tendrán todos sus actos.

La sociedad que empieza a verse afectada por ese nuevo problema, irá pasando poco a poco de la tolerancia a un grado de intolerancia, al estar hartos de aguantar que los menas campen a sus anchas sin que las autoridades tomen medida alguna.

Eso generará que se vaya produciendo una xenofobia, de total rechazo a los extranjeros que han llegado ilegalmente. Pues como es natural dirán, no tenemos ya bastante con aguantar con nuestra *"basura"*, para además tener que soportar la ajena.

Gran culpa de eso, la tiene el gobierno, que no se implica de verdad por intentar solucionar el problema. Simplemente parchea, tratándolos de tener en centros de acogida para menores, donde tienen la comida y la dormida asegurada. Pero como es obvio, esos menas, acostumbrados a llevar mucho tiempo una vida desarraigada, en la cual no tienen que rendir cuentas a nadie, no aceptan eso de tener que someterse a una disciplina de horarios. Por eso optan por dejar esos centros de acogida y renuncian al derecho a comida y dormida, con tal de poder hacer lo que les da la gana. Y como saben que por su condición de menores no les pasará absolutamente nada, se dedicarán a cometer pequeños hurtos para su subsistencia. Ya que aleccionados como están, saben que siempre que cometan hurtos leves por valor inferior a que no sea considerado delito, hace que entren y salgan todos los días de las comisarias impunemente. Como son menas, saben además que no podrán hacerles nada, ni siquiera embargarles algo aunque no fueran ya menores, puesto que son insolventes.

Se preguntará cuál es la solución, por un lado, pues la más eficaz sería ser expulsados y devueltos a sus países. Pero hay un pequeño problema, que eso no vende y los políticos como están más interesados en lograr su propios intereses que los de la sociedad, mostrarán una total desidia hacia el problema. Agarrándose a lo complicado que sería intentar hacer eso, pues las leyes del país, protegen al mena y hay que respetar sus derechos como menor, además de contar con la colaboración del país emisor, que como es obvio será cero, desentendiéndose por completo de sus menores. Y en el caso de que alguno quisiese ponerse a resolver el asunto, se encontraría que la garantía que exige nuestra ley para devolverlos, es una quimera con sus países.

Por otro, sus países como es obvio no muestran la más mínima voluntad de colaborar en la readmisión de sus menores nacionales, so pena que sea a través de una compensación económica por el país de acogida.

Y como ellos lo saben, porque tontos no son, no paran de llegar en un efecto llamada que provoca la coyuntura de la inoperancia.

Puesto que los políticos deberían saber, que a un ritmo de 5.000 o 7.000 menas que llegan anualmente, están creando una bomba de relojería, que estallará trayendo graves problemas sociales cada vez más. Puesto que el problema habría que solucionarlo en origen, obligando a que esos países se implicasen de verdad en aceptar la devolución de esos menores, reintegrándolos con sus familias. Pero es obvio, que si no es a través de una contrapartida económica, esos países usan la exportación de menas, como una moneda de cambio, con la cual poder chantajear económicamente a los países de acogida. Y los países receptores se sienten rehenes de la situación, sin saber cómo resolver el problema o hay poca voluntad realmente de arreglarlo.

Siendo mucho más cómodo mirar para otro lado y pensar, ya lo arreglará el que venga detrás. Además, esos menas son usados como arma de chantaje por sus países. Ya que unos se quitan del problema de mantenerlos y otros como Marruecos, los usan para condicionar políticamente al país receptor (véase España).

Los comparsas de las mafias

Organizaciones de tipo clan jerárquico, tipo familia con base piramidal, en que sus miembros se deben a obligada obediencia al capo, elemento que está en la cúspide. La finalidad de dicha organización es, la obtención de ganancias de maneras ilegales.

En el caso que nos concierne, dichas organizaciones están emparentadas con los gobiernos de dichos países subsaharianos, que se reparten el pastel, en el negocio de la trata de gente. De manera que son meros comparsas, negándose acepar devoluciones de sus conciudadanos, poniendo todas las facilidades para animar a que salgan del país, prestando el apoyo para que les sea más fácil.

Al fin, gobierno y mafia de esos países son sinónimos, donde todos chupan del negocio de traficar con los inmigrantes ilegales.

Después de haber hecho casi todo el camino, a la hora de cruzar el Mediterráneo, las mafias les meten en barcos herrumbrosos de desguace o balsas con un motor, que en la mayoría de los casos, se quedan sin combustible a mitad de camino, quedándose a la deriva o en el mejor de los casos, son socorridos por los barcos de las ONGs, si es que no se han ahogado antes. En los casos más benévolos, las propias mafias avisan a las ONGs de esos países europeos, para que los recojan. No que lo hagan por humanismo, sino simplemente para dar una propaganda de efectividad para su negocio.

Que cuando son socorridos por éstos, algunos países, se niegan a dejarlos arribar a sus puertos, tal es el grado de saturación. Ya que algunos gobiernos tienen la sospecha de que hay algún grado de connivencia, que facilita ese tráfico ilegal de personas.

Puesto que ahora con las nuevas tecnologías, por medio de los teléfonos móviles, los propios inmigrantes o en su defecto las propias mafias, les dan a las ONGs las coordenadas para que sepan el lugar exacto donde rescatarlos. Por eso muchas pateras, salen sin combustible para completar el trayecto, ya que las ONGs serán las encargadas de finalizar el recorrido del mismo.

Que aunque venden la imagen que auxilian al necesitado, caen bajo la sospecha, si no estarán subvencionadas por alguna mafia, para hacer el papel de bueno, de cara a la galería.

Las ONGs

Organizaciones que tienen principios humanitarios, como es el de salvaguardar en el caso del Mediterráneo, a todos esos inmigrantes que se arriesgan a cruzar el mar en busca de una vida mejor. Pero que también muchas de ellas son financiadas por personas de dudosa reputación. La propia FRONTEX, policía responsable de vigilar las fronteras exteriores de la UE, ha alertado de la sospechosa interacción entre algunas ONGs y las mafias que se dedican al tráfico de personas en el Mediterráneo. Ya que es sospechoso, que los inmigrantes reciban indicaciones muy precisas de donde van a encontrar a las ONGs que los recogerán en sus barcos. La nula colaboración de las ONGs con las autoridades, para poder intentar detener a los traficantes de personas. Inclusive los propios inmigrantes han relatado, como los traficantes de personas, les han facilitado datos exactos de dónde podían encontrar a las ONGs. ¿Quién les financia?

Resulta curioso que en dichos rescates que realizan las ONGs en aguas del Mediterráneo, aunque el rescate se realice muy cerca de la costa africana, siempre ponen rumbo hacia países europeos. Siendo comparsas de la trata de personas, ya que facilitan la labor a las mafias de trata de personas. Completando la labor por la cual pagaron los inmigrantes ilegales económicos. Lo que da que pensar. O sea que después no nos vengan con querer ablandarnos con los ahogamientos de muchos de los que intentan llegar a Europa. Ya que si ellos no facilitasen la labor de las mafias en ese tráfico de seres humanos, no habría tantos ahogados.

Con lo cual no queda duda de que algunas ONGs están financiadas por entidades de dudosa moralidad, que esconden oscuros intereses que se mueven alrededor de la inmigración. Que se nos escapan al total entendimiento.

Pues lo único que están fomentando es incitar a todos esos que buscan mejorar su vida, que contarán con la ayuda de las ONGs en el cruce del mar Mediterráneo. O sea son comparsas de esos desalmados que se enriquecen a cuenta de la ilusión y esperanza de esos que creen que llegarán a El Dorado, que no existe más que en su imaginación.

Y que además, las ONGs cuando los recogen, nunca los desembarcan en puertos africanos, aunque sean seguros.

Llegada a destino

Los inmigrantes cuando llegan, ya están aleccionados por los que les antecedieron, llegando totalmente indocumentados. Pues saben que tan pronto embarrancan en la orilla de la playa, su devolución será prácticamente imposible, por lo menos en el caso de los subsaharianos. Los de origen magrebí, correrán a ocultarse en la maleza más cercana, puesto que su devolución es mucho más factible. Mienten sobre sus países de origen, afirmando ser de países bien en guerra con el objeto de tratar de conseguir asilo político, o que no tienen tratado de extradición o simplemente que son un caos, donde no existe cualquier registro, que acredite su procedencia. Lo que unido a la corrupción de esos gobiernos que viven en connivencia con las mafias, hacen prácticamente imposible su devolución. Así, con toda esa labor de entorpecimiento, logran en la mayoría de los casos, que hayan transcurrido los 60 días máximos de internamiento en los CETI, sin que se haya resuelto su situación que permitiría, ser trasladados a un CEI o bien ser repatriados a sus países.

Por eso, aquellos que saltan las vallas de Ceuta y Melilla, corren ellos mismos a los centros de detención, ya que saben de la inoperancia en su expulsión. Y que allí les darán comida y dormida, hasta que los pongan en libertad.

Una vez que se les entrega su orden de expulsión, la guardan como *"Oro en paño"*, ya que como no se les va a expulsar jamás, ya se encargarán ellos de dispersarse por el territorio para no dar con ellos y dejar que el paso del tiempo, les acabe beneficiando de algún proceso de regularización extraordinario, que esa orden sea su salvoconducto para demostrar su arraigo en el tiempo.

O sea quieran o no quieran los países receptores, se tienen que quedar con ellos. Así cuando son rescatados de las pateras, se muestran cooperativos, ya que saben que no les va a pasar absolutamente nada y Europa quiera o no quiera se va a tener que quedar con ellos.

Salen de África impulsados por las mafias de la trata de personas y cuando llegan a Europa pasan a depender de otra mafia que los explotará, generalmente gestionada por algún conciudadano suyo.

Aunque parezca mentira, muchos de ellos vienen totalmente engañados, con la promesa de que cuando lleguen a Europa encontrarán trabajo legal y bien remunerado fácilmente. Pero con el transcurso del tiempo, van cayendo en la gran realidad que les espera, de que esa quimera que les vendieron no existe. Y que en la ilegalidad que están, tienen que buscarse la vida como sea.

Su llegada en principio está garantizada por los gobiernos europeos, que les subvencionan con un subsidio, vivienda hasta dos años y sanidad gratuita indefinida. Como forma de ayudar a su integración. Lo que a su vez constituye en un *"EFECTO LLAMADA".*

Pues como es obvio, enseguida darán cuenta a su familia de las noticias de su llegada. Dejándoles estupefactos, al contarles que les pagan un dinero mensualmente que para ellos es una fortuna en sus países, más vivienda durante dos años. Como no seguir entonces el camino que inició ese familiar que les antecedió, si en Europa les pagan por llegar.

Por lo tanto ya en principio han ganado al arribar, puesto que en su país no tenían absolutamente nada. Pasado ese tiempo, tienen que buscarse la vida.

Como es obvio, la gente tiene que subsistir y unos se dedicarán a trabajar como *"manteros"*, trabajando para algún mafioso africano que les facilitará el género, para que trabajen para él dentro de la ilegalidad. Muchos dirán, en África nada tenía, aquí gano algo y me puedo beneficiar de los servicios sociales y tener una sanidad gratuita, con lo cual ya he ganado con venirme. Por eso algunos llegan, sabedores de que asistencia médica gratis van a tener, mientras que en África si no es pagando te mueres. No les preocupa tampoco cotizar, ya que saben que siempre se podrán acoger a una pensión no contributiva cuando llegue la edad. En África no iban a tener pensión alguna a la hora de jubilarse, la inmensa mayoría. Y los que llegan con enfermedades que por lo costosas que son, serían imposible de sufragarlas en su país, en ese sálvese quien pueda, aprovecharán la oportunidad de poder hacer *"turismo sanitario"* para ellos mismos o los suyos que recalen en un futuro. Haciéndole la competencia desleal *"los manteros"* a los negocios locales, vendiendo falsificaciones, servidas por las mafias, no pagando impuestos ni seguridad social, arruinarán al comercio local. Produciendo más desempleo en los del país, a cuenta de tener que aguantar la subsistencia de los que han llegado ilegalmente de fuera. A cuenta de los que pagan, que se verán perjudicados, por el aumento de las listas de espera en la seguridad social y el aumento del agujero en las arcas de la Seguridad Social, los inmigrantes irán a lo suyo, aprovechándose de la coyuntura. Importándoles un bledo que su situación esté perjudicando a otros, ellos han venido a Europa a mejorar su situación y egoístamente les importa un comino, la merma de los demás. Otros se dedicarán a trabajar como *"camellos"* para los narcotraficantes, ellos o como "putas" ellas para algún proxeneta de su propio país.

Consecuencia, aumento de la peligrosidad, violencia y marginalidad. O sea, no tenemos bastante con tener que aguantar nuestra *"mierda"*, como para tener que aguantar la de otros países. Esa es la cruda realidad, ante la inoperancia de políticos que con su buenismo lo único que buscan es sacar réditos electorales.

Pasear por las calles, infestadas de *"manteros"*, Con tal cantidad que llegas a dudar que estés en Europa. Y es un goteo que no para, cada día más y más, saltándose todas las leyes, como diciendo, quieras o no quieras hemos venido para quedarnos. Donde ya está todo hecho. Con la tranquilidad de que no nos pasará nada. Al revés, tendrán la bendición del Gobierno, que incapaz de solucionar el problema, nos venderá, que esos son los que nos asegurarán el futuro de nuestras pensiones, como si fuésemos imbéciles. Ya que lo único que originan es gasto a las arcas del Estado y a la Seguridad Social.

La participación de los políticos

Son esas personas, en las cuales los ciudadanos, hemos depositado la confianza para que lleven las riendas de nuestro país. Pero infelizmente, la mayoría han visto en la política, el medio bajo el cual trepar socialmente a través de prevaricar o enriquecerse más rápido, bajo la corrupción. Por eso, esto de la emigración, solo les importa salir en la foto. Con el fin de sacar réditos electorales, por el cual ser demagogos, les sale rentable, aunque sean por cosas absurdas e irrealizables. Ese es el gran problema que ellos se van y su política nefasta nos la dejan a la sociedad.

La mayoría no tiene el sentido de patriota y muchas de sus decisiones, aunque nefastas para el país y sin previsión de futuro, les da igual. Les importa un bledo el problema de la inmigración ilegal. Para ejemplo está Europa, que es incapaz de ponerse de acuerdo, como en casi todas las cosas trascendentes por las cuales ha pasado. En que ha tenido que venir los EEUU, para sacarles *"las castañas del fuego"*, a esos "reyezuelos de taifas", incapaces de ponerse de acuerdo, a la hora de tomar una decisión común en inmigración.

La política en el pasado, tenía un sentido idealista, donde los principios éticos, como los valores de integridad, honradez, firmeza, eran su base. Infelizmente, hoy en día, la política es vista como el vehículo para enriquecerse lo más rápido, trepar socialmente y corromper en todos los estamentos posibles.

De ahí, que cada día haya un mayor descrédito, hacia los políticos, al ser un foco constante de destape de casos de prevaricación, tráfico de influencias, corrupción; etc.

A ellos lo que les importa es, que mientras dure su mandato ir parcheando lo que se pueda y que eso no sea un obstáculo para su enriquecimiento propio. No vaya a ser que le vayan a pillar *"con las manos en la masa"* y acaben con sus huesos en la cárcel.

Lo demás les trae al pairo, lo de la inmigración ilegal, al fin ellos viven muy bien con todas las comodidades, por lo tanto todo lo que ello repercuta en el día a día del mortal de los humanos, le trae al fresco. Buenas casas tienen éstos con muros bien altos, con todas las medidas de seguridad necesarias, para que *"esos malditos inmigrantes ilegales"*, no les vayan a molestar en sus vidas.

En lugar de buscar soluciones que palien el problema, solo se dedican a hacer reuniones inútiles en que solo hacen que divagar y divagar sobre el problema, sin arreglar absolutamente nada. Todo hay que decirlo también, que condicionados por los demagogos que solo hacen que decir frases que quedan muy bien de cara a la galería aunque no arreglen absolutamente nada.

Después los países se quedan con el lastre de la labor nefasta de los políticos ineptos, puesto que ellos se van, pero sus errores quedan ahí. Aunque para ser sinceros, a ellos les trae al pairo todo, ya que llegaron a la política, como despegue económico social. O sea para su propio interés ni más ni menos.

Lo que les suceda a los demás ciudadanos dirán, que se jodan que para eso hay clases. Nosotros a salvaguardar nuestros intereses y el resto a tragar.

Pues muchos de esos políticos demagogos que van de populistas, viven con todas las comodidades de los auténticos ricos.

Lo único que no falla entre los políticos es hacerse la foto con el negrito detrás a la hora de hacerse la foto o dar un mitin electoral.

Al fin, saben que no hay que desperdiciar cualquier forma de propaganda que les pueda redundar en obtener réditos electorales.

Llegan al Maná

Una vez que llegan los ilegales a Europa, ellos son conscientes de que han invadido un territorio saltándose todas las normas de estado de derecho. Pero eso a ellos les da igual, quieran o no quieran, saben que se quedarán. Y aunque pronto se darán cuenta que el maná no fue más que una efímera ilusión, algo han ganado, ya que en sus países nada tenían.

Los *"carroñeros"*, esos especuladores, se frotarán las manos, ya que esa masa de ilegales, les servirá para explotarlos. Como no han venido a Europa para ser unos simples mendigos, caerán en el submundo que les ofrecerá trabajar sin contrato y por salarios considerablemente mermados.

Consecuencias, como trabajan como ilegales, no pagan impuestos, para el sostenimiento de los beneficios sociales. Pero si harán uso de ellos, como el tener sanidad gratuita, que repercutirá que el mismo pastel hay que repartirlo entre mayor número de personas. Aumentando las listas de espera, que padecerán los nacionales, al tener que sostener a esos que no aportan a su sostenimiento. Esa masa laboral a la sombra, ocasionará también como es obvio una mayor precariedad laboral. Ya que los negocios se mueven por el principio mercantil, de máximo rendimiento, mínimo costo. Por lo tanto, evidentemente se decantarán los explotadores por contratar ilegales, puesto que les salen más barato. Poniéndoselo más crudo aún el mercado laboral a los legales. O sea ni consigue el ilegal, ese maná prometido, a cambio el legal, si verá una competencia desleal, que le pondrá las cosas mucho más crudas socio laboralmente.

Y como en este país, parece que todo el mundo mira para otro lado, en lugar de "coger el toro por los cuernos", miran con desdén el problema como diciendo, ya le pasaremos *"la patata caliente"*, al que venga detrás.

La subsistencia

Pasada la etapa inicial transitoria, el ilegal sabe que tiene que mejorar su situación, para ello recurrirá a todos los medios para lograrlo. No ha venido a Europa para seguir siendo ese pobre que dejó África. Si ha conseguido reunir dinero, contactará con alguna mafia del país de acogida, para que le facilite documentación falsa, que le facilite su regularización. O sino buscará un matrimonio de conveniencia. En caso de carecer de medios económicos, tratará de embaucar a alguna alma cándida, que sirva de ardid al falso amor, para lograr el matrimonio que le facilite la nacionalidad. En el caso de que sea mujer, buscará quedarse preñada de algún nacional, para lograr el salvoconducto que evite que pueda ser extraditada a su país de origen. Y tener atado y bien atado al susodicho, con la obligación de mantenerla a ella ya la criatura que venga en camino, eso como mínimo. Porque algunas, hasta conseguirán a base del *"poder del coño"*, apropiarse de todos los bienes de ese incauto, al que le endosará poco a poco, a la madre, al padre, al hijo que viene en el paquete, a los hermanos y a saber hasta qué más. Total, que por el *"amor"* de una mujer, acabará con toda una familia a sus cuestas. Inocente de él, de no ser capaz de dilucidar, de lo que puede llegar a hacer un ser humano para asegurarse su subsistencia. Pero será cosa de tiempo, para que se dé cuenta que solo fue utilizado.

Infelizmente, siempre pecan de inocentes muchos de los naturales del país, que ablandados por imágenes dantescas de la miseria y precariedad que hay en algunos países; se decantarán por intentar adoptar a algún negrito, para calmar su estado de remordimiento.

¿Y con eso qué se logra? Sí, a ese afortunado de la lotería se verá recompensado por una vida, jamás imaginada.

Pero esos que adoptan no se paran a pensar, que con su labor samaritana, si han sacado a uno de la miseria. ¿Pero y todos los demás, que se han quedado allí? ¿Eso no les causa remordimiento también? Saber que su adoptado, vive una vida quizá llena de lujos, mientras sus otros compatriotas siguen en la miseria. Cuando el dinero que destina a mantener el adoptado aquí, si fuese enviado a sus países de origen, se podría mantener a muchos más.

Las medidas a adoptar

La solución pasa, por tratar de erradicar el problema en origen, no de hacer proclamas del tipo, pobrecitos, hay que ayudarlos a todos esos que llegan de manera ilegal. De nada vale estar acogiéndoles, puesto que mientras el problema siga en origen, continuarán viniendo cada vez más. Hay gente que cree que acogiendo a un negrito, ha hecho una gran labor y su corazón se siente libre de arrepentimientos. ¿Esa es la solución? ¿Acaso no piensan en todos los que no han sido afortunados en ser los escogidos? Hay que ayudar en origen, para que tengan una vida digna en condiciones mínimamente aceptables, es lo mínimo. Donde los del lugar tengan una vida que les haga ser autosuficientes y no que uno sea el agraciado. Pues con el dinero que una familia se va a gastar en el sostenimiento del elegido, vivirían como mínimo diez en su lugar. Pero no a costa de la caridad, sino de dotarles de medios para su subsistencia.

Por muy cruel que pueda parecer, quizá sea necesario que algunos tengan que pagar con su propia vida, por esa inversión futura que ataje el problema. En lugar de esa ayuda de goteo humanitaria, que solo hace que parchear, sin solucionar nada.

Para eso los países europeos, tienen que implicarse de verdad, ayudando a esos países subdesarrollados. Aportando soluciones, como crear pozos de agua que les permitan a los habitantes de esos países regar sus cultivos, en lugar de contemplar como la sequía los arrasa provocando hambrunas. Instalar fábricas los europeos en esos países, que aprovechando que su mano de obra será más barata, les permitirá a cambio a sus habitantes tener una vida decente aunque sin lujos. Esas sí que son medidas para atajar el problema en parte.

No vivir de la caridad de otros países, sino de ser autosuficientes ellos mismos con su propio trabajo. Que les permita llevar una vida con orgullo como persona, no verse como un parasito al que tienen que alimentar, enviándole ayuda externa.

No ponerles barreras arancelarias, que impidan la venta de sus productos o que tengan que prácticamente regalarlos. Puesto que hay mucha hipocresía, de que no son capaces de reflotar sus economías. Cómo la van a conseguir reflotar, si no hacen más que torpedearles sus intentos de subsistir por si mismos con su propios productos naturales, con todas esas barreras arancelarias. Pero ya se sabe, por desgracia la ley del mercado hace que tengan que existir pobres para que puedan vivir los ricos.

Contribuir para dotarles de las mínimas condiciones sanitarias, con hospitales que les puedan tratar de sus dolencias. Ya que muchos de esos ilegales que llegan, lo hacen por razones sanitarias, sabedores que si se quedan en sus países es una muerte anunciada. Mientras que aunque arriben como ilegales, saben que en los países de acogida tendrán derecho a la asistencia sanitaria gratuita, que les trate del

VIH por ejemplo, de hacerse diálisis y todo los demás tipos de atenciones sanitarias que requieran.

Tener una educación que les incentive a crecer como personas, una política de natalidad, que les haga ver, que tener hijos no es ir engendrando por doquier como conejos, desentendiéndose de los nacidos. Con acceso a los métodos anticonceptivos y una educación del control de la natalidad.

Pero lo fundamental es, que para poder intentar hacer todo eso, lo primero es "limpiar" esos países de sus gobernantes corruptos, que juegan con las ayudas humanitarias, para su beneficio propio. Pues con esa lacra, con su política de expoliar toda la ayuda que pueda llegar, no se logrará nada de nada para los ciudadanos de esos países. Pero la cuestión es, si hay realmente voluntad por acabar con esa coyuntura que ocasiona el drama para esos pueblos. O si todo no pasa de medidas que no pasan del papel y se quedan ahí en un mundo idealizado idílico.

Y la forma básica es fomentar la educación, para que los propios nacionales de esos países sean conscientes de que son ellos, los que tienen que solucionar eso.

Y como esto es un sálvese quien pueda, aunque sabe que ha sido una forma contraria a todas las leyes del derecho; pensará yo tengo que velar por mí, si tienen que hacerse cargo de mi aumentando el gasto, lo siento, pero lo primero de todo es luchar por mi vida, sea como sea. O sea él sabe que es repudiado por la sociedad, como el invasor que ha llegado para beneficiarse de todos los bienes adquiridos. Pero le da igual, ya que esto es un *"cada uno por sí y dios por todos"*.

Cómo es obvio, inicialmente esa invasión de ilegales, pasaba desapercibida más allá de las noticias. Pero como la llegada de ilegales es incesante y cada vez en mayor cantidad, se produce el efecto de alarma social. Ya que empiezan a ver repercutido en su propia piel, las demoras en la atención médica, con las listas de espera, la mayor precariedad laboral, por la competencia desleal de esos ilegales, que serán víctimas de los corruptos, en un país donde el paro abunda. Entrándoles el temor a los legales, de que van a peligrar sus puestos de trabajo. Empezándose a gestarse el efecto reacción, de una sociedad que ve peligrar sus derechos por culpa del que llega de manera ilegal. Reacción normal de toda sociedad que tiene el derecho a defenderse de dicha invasión.

Sobrevivir como sociedad

Indudablemente, habrá una lucha dual, en la que el ilegal buscará su mejora de vida y se saltará todas las leyes con tal de lograrlo. Si la coyuntura le favorece, al saber que le tendrán un tiempo mínimo detenido y que después le soltarán al ser imposible su devolución a su país de origen, él no va a ser tonto de no aprovechar esos resquicios.

Por ende, la sociedad del país al que ha accedido ilegalmente, no le quedará más que aplicar todas las medidas posibles para poder defenderse o de lo contrario colapsará, dejando de existir. Pues justamente esos ilegales, han tratado de venir para beneficiarse del estado de bienestar que ha logrado esa sociedad.

Y como es lógico, si el mismo pastel hay que repartirlo, cada día con más gente, indudablemente la precariedad aumentará. Está claro que lo ideal sería, poder ayudar a acabar con esa masa de ilegalidad, pero eso es tarea imposible, ya que muchos dirán la solución es regularizarlos, pero es que en el supuesto que se regularizarse a todos los ilegales, eso no produciría más que el *"EFECTO LLAMADA"*. Puesto que a los pocos meses, estaríamos otra vez en el punto de partida, con la misma cantidad de ilegales que habrían llegado, incentivados por sus compatriotas regularizados. Además es que en un suma y sigue incesante, en origen ya estarían preparándose nuevas remesas de ilegales, fomentados por las mafias.

O sea, el problema en sus países de origen continuaría, no habiendo forma de solucionarlo. Con lo cual, uno se preguntaría, ¿tiene Europa capacidad para absorber 120.000.000 de africanos que están esperando para llegar? Evidentemente no, será el principio del fin de la cultura europea si se llega a producir tal invasión.

Porque, al contrario de lo que se pueda creer, en África nunca se ha vivido mejor como ahora. Pero claro eso a los emigrantes económicos, no les sirve de consuelo, ellos quieren todo aquello que ven por las parabólicas. Que además, les venden las mafias como el paraíso, que lograrán nada más llegar.

Por lo tanto, ante un problema tan grave como es la inmigración ilegal, en que en lugar de afrontar con seriedad lo único que se hace es, hacerse la foto con el ilegal de turno y pasar la patata caliente al que venga detrás.

Solo tomándose medidas drásticas se podrá contener esa epidemia migratoria. Ya que siempre habrá demagogos que dirán que esos ilegales son los que garantizarán nuestras pensiones futuras. ¿Alguien se cree eso de verdad? Eso no es más que un parche temporal, pues ellos también cobrarán sus pensiones futuras. De manera que el problema seguirá.

La solución pasa por incentivar la natalidad de los nacionales, en unos niveles de sostenimiento. Ya que como es obvio el planeta Tierra tiene unos límites demográficos y no puede estar aumentando sin parar. Pero parece que sale más práctico seguir parcheando, vista la inoperancia de nuestros políticos.

Por lo tanto, lo que hay es que lograr una tasa demográfica de substitución, de forma que la población de la nación se mantenga de una manera estable, ni aumentando ni minorando.

Pero eliminar esa idea descabellada, que la solución es llenar el país con foráneos.

El problema demográfico

Mucho se habla del problema del problema demográfico que vive el país, en que la tasa de natalidad no está permitiendo la renovación generacional, ya que es una de las más bajas de Europa. Aunque ya se sabe, que parte de la culpa de eso, es por los cambios sociales, en que se ha pasado a dar prioridad en las parejas, a tener una vida lo más ociosa posible en detrimento de tener un hijo. Si de verdad tanto le preocupa al gobierno eso, lo que tiene que hacer es, potenciar una política de natalidad incentivada por varias medidas que fomenten la conciliación familiar. De forma que no se vea perjudicada laboralmente cualquiera de las partes de la pareja.

Lo que no se puede tolerar es, que los políticos nos tomen por imbéciles, como si nos tragásemos todos los "sapos" que nos sueltan. De que la inmigración ilegal, es la salvación del despoblamiento del país.

Parece ser, que sale más barato, dejar que se instalen todos los africanos que llegan de manera ilegal para combatir el déficit demográfico, pues ya vienen criaditos. En lugar de tener que gastar dinero incentivando a que se tengan hijos a los nacionales del país. Pues está claro que la solución real pasa por esa solución, incentivar a que tener hijos no sea una carga, con ayudas por ejemplo de que cualquiera de los padres que renuncie a trabajar para dedicarse a la crianza de sus hijos, tenga el reconocimiento de que cotizan por él, durante los 12 primeros años de vida de su hijo, por el salario mínimo interprofesional, a cambio de haber renunciado a su empleo. Esa sería una medida que animaría a tener un hijo, ya que aunque los ingresos van a mermarse en la unidad familiar, por lo menos así al menos no habría perdido doce años de cotización en la crianza. Tener guarderías gratuitas, como inversión del Estado para esa natalidad. No como ahora, que sufres la penalización si te dedicas a criar un hijo a tener que renunciar a tu vida laboral. Sin prebenda alguna por parte del país, en la ayuda a la natalidad, salvo a esa ridícula deducción en la declaración de la renta.

Si queremos logros, pongamos medios, basta de palabrería barata que no conduce a nada.

Otra cosa que aunque pueda sonar como egoísta, también habría que premiar, a aquellos que han invertido en la natalidad, invirtiendo su tiempo y natalidad en la crianza de esos hijos. Que serán el relevo generacional, que asegurará el mantenimiento de las pensiones futuras de los jubilados. Ya que no es de recibo que alguien que ha pasado de tener hijos, para no pasar el trabajo en la crianza y tener que renunciar a llevar un mejor tren de vida; cobre exactamente lo mismo que aquellos que si lo han hecho, a la hora de jubilarse.

Puesto que aunque hay el dicho que a la hora de tener un hijo, viene con un pan bajo el brazo, lo que trae seguro es un gran agujero de los gastos que generará la inversión en su crianza durante toda la vida.

Entonces, ya que has tenido que hacer un gran dispendio en criarlo, que menos que cobres más a la hora de jubilarte del que no ha hecho más que apostar por vivir a la bartola, pasando del trabajo y gasto que conlleva ello. Al fin para eso te gastaste antes el dinero.

Ya sé que dentro del individualismo humano es, más fácil pensar el que ha pasado de tener hijos, ya cobraré yo en el futuro mi pensión de jubilado a cuenta de tener que repartirme el dinero que hayan aportado esos hijos que tuviste tú.

Medidas disuasorias

Aquí todo es cuestión de pasta, tirando por lo que salga más barato, en lugar de poner guardacostas que hagan devolver a su punto de salida, a todos los ilegales, que tratan de entrar saltándose todas las normas y leyes. Se opta por acoger a todo aquel que embarranca en la playa.

Obviamente algunos dirán, que también los españoles emigraron en el pasado, tienen razón, pero emigrábamos bien por solicitud de países o con contrato trabajo bajo el brazo, por empresarios que necesitaban mano de obra. No saltando vallas ni saliendo en pateras. Para esos que tanto critican que haya concertinas en las vallas de Ceuta y Melilla, les aseguro que sino trepasen vallas de 6 m, no se haría daño nadie. Pero los ilegales que quieren entrar, vienen dispuestos a todo, ya que saben que pasado el obstáculo, se quedarán casi con certeza la mayoría. Y al fin, ellos solo vienen buscando disfrutar de las comodidades de una sociedad que no tienen en su país, importándoles un bledo que los vean como un parásito, ellos a lo suyo.

Por lo tanto está claro que la solución no pasa por acoger a los que llegan en un suma y sigue infinito. Ya que el problema en origen continuará. Sino en implicarse de verdad la UE en una política de colaboración con sus países de origen, de forma que éstos readmitan a sus nacionales a cambio de inversión.

La inmigración irregular es por un cúmulo de cosas, como la corrupción en sus países, la falta de expectativas de mejorar, la salud y educación deficiente; etc. Por eso los inmigrantes ilegales, hay que tener claro que solo una minoría huye por motivos políticos y religiosos, la mayoría son emigrantes económicos que solo buscan una vida mejor. Si ellos saben en qué, hay países en que todo eso que buscan ya está hecho es normal que busquen llegar a ellos.

La inmigración

La inmigración que ya de por sí, es una lacra mundial que por desgracia en la mayoría de los casos aporta más desgracias que cosas buenas, para la mayoría de los migrantes; mucho más lo es para aquellos que son inmigrantes ilegales.

Todos aquellos que se embarcan en dicha aventura, van con la idea fija, de que en breve habrán alcanzado esa cumbre idealizada de bienestar, que hará que haya merecido la pena emigrar. Pero por desgracia en la mayoría de los casos, la realidad es muy distinta. Ya que muchos en lugar de haber logrado mejorar su situación económica, habrán empeorado, llegando quizá a la indigencia. Que provocará que no quieran volver a sus países, puesto que eso sería demostrar ante su familia que han fracasado. Otros si, habrán logrado el culmen de sus aspiraciones, por haberse comprado una vivienda y estar toda su vida pagándola. Cosa que hubieran logrado igual si se hubieran quedado en sus países, cosa que comprueban con familiares que no emigraron y consiguieron lo mismo. Pero ese es el gran engaño de la emigración, que solo unos pocos lo alcanzan.

¿De verdad merece la pena eso? Pasar tanto dolor por el desgarro de las familias, abandonar sus lugares, sentirse marginados y repudiados por el país en que están, donde siempre serán extranjeros. Para al final darse cuenta que no mereció la pena, ya que los que se quedaron en sus países han logrado quizá lo mismo y aunque así no sea, no han pasado por empeñar toda su vida con todas sus consecuencias negativas, por la mísera ambición del vil metal.

Pero en el caso de los negros de África, la cosa es distinta, ya que la inmensa mayoría no deja nada importante atrás, salvo lo emotivo. Siguen lo que les venden las mafias, donde muchos son víctimas de su ignorancia, ya que su meta es llegar a Europa y una vez que lo han logrado, aun no siendo para nada lo que esperaban encontrar, parecen satisfechos, al haber logrado su objetivo de llegar. Están en Europa, son inmigrantes ilegales, pero eso no importa. Otros son enviados como correas de transmisión de las mafias africanas, donde servirán de enlace para su negocio en la trata de personas, explotar en la prostitución a las nacionales con la promesa falsa de un trabajo bien remunerado o sino para trabajar en las mafias que extienden sus tentáculos por Europa en la venta y distribución del narcotráfico.

La solución de los intrincados caminos de la política

Por desgracia, detrás de la inmigración ilegal hay un sinfín de intereses, económicos, sociales, geoestratégicos; etc. En que los países juegan todos involucrados, jugando con el ser humano, como si fuese una pura mercancía de intercambio.

Está claro que con una política de buenismo no se logrará solucionar esa lacra de la inmigración ilegal. Porque además de abordar todo aquello inherente al inmigrante que va a luchar como sea por alcanzar sus sueños, detrás están los países emisores, tampón y receptores, con sus intereses.

Los países emisores como ya se detalló en su momento, jugarán la baza de *"expulsar"* a sus conciudadanos a través de las mafias. Para quitarse una boca que dar de comer y lograr un emisor de divisas indirectas para el país a través de las remesas de éstos. Al tiempo que quizá la presión migratoria haga a los países desarrollados, en fijarse en tratar de ayudarlos.

Los Estados *"tampón"*, son esos que ejercen su papel como barreras de contención de la inmigración ilegal. Y que como es obvio, no van a realizar dicha labor a cambio de nada. Por eso sabedores de su papel de "cordón sanitario" frente a la inmigración irregular, chantajearán todo lo posible a los países interesados, para la obtención de rendimientos económicos para sus propias economías. En el caso de la UE, el que realiza dicha labor más prominente son, Marruecos, Argelia, Túnez, Libia y Egipto. Siendo los dos primeros además de emisores de sus conciudadanos, lugar de paso para el resto de los del África negra. Siendo los demás, más bien emisores de inmigrantes ilegales de otros países. Concretamente Marruecos, por eso según sean sus intereses "abrirá o cerrara" el "grifo" de la inmigración ilegal. Mirando para otro lado, mientras los subsaharianos saltan las vallas de Ceuta y Melilla. O salen de sus costas en oleadas de pateras.

No hay que olvidar que Marruecos que ocupó de manera ilegal al Sahara Occidental, cosa no reconocida por los países de la UE. Usará la emigración ilegal como arma, para paliar todas las resoluciones que le quieran obligar a ejercer el derecho de autodeterminación reconocido por la ONU al pueblo saharaui. Y va dilatando en el tiempo dicha convocatoria para así poder ir diluyendo esa idea, aunque la RASD (República Árabe Saharaui Democrática) tenga liberado 1/3 del territorio.

España a su vez, que cometió el gran error de claudicar ante las pretensiones de Marruecos, que se aprovechó el estado moribundo del dictador Franco, para organizar la Marcha Verde. España en ese momento turbulento de transición del fin de la dictadura a la democracia, no tuvo un político de altura que supiese guiar la transición a la independencia del Sahara Occidental. Por eso entregó dicho territorio del cual era potencia colonial a Marruecos y Mauritania, desentendiéndose del asunto, pisoteando los derechos de autodeterminación de dicho territorio, reconocidos por la ONU.

Quedará como la vergüenza para la historia, que el país colonizador, España no fuera garante, véase el caso del Sahara Occidental, de optar por desentenderse de un territorio que hasta llegó a ser una provincia española.

Marruecos, como fiel aliado de los intereses de Francia y EEUU, fue apoyado por esos países, para ejercer de gendarme en la región, ya que había recelo a la potencia socialista de Argelia. Pues había el temor de que fuese a aumentar la órbita socialista en la región, con una independencia del Sahara Occidental incentivada por Argelia.

España en su política de buena vecindad con Marruecos, no le queda otra más que apoyar indirectamente a este país, ya que sabe que si no, será chantajeada a conciencia con la inmigración ilegal, cada vez que no vaya por la derroteros que le interesan a Marruecos.

Por eso tiene que someterse a situaciones que rayan la vergüenza de ser humillada, de ver como su vecino del sur deja que salgan de sus costas, las oleadas de pateras con inmigrantes ilegales o que saltan las vallas de Ceuta y Melilla, sin poder rechistar. Al verse rehén de tal situación.

A la vista de presionar más a España, Marruecos ha pasado a la política de *"palo y zanahoria"* para lograr el reconocimiento de su soberanía sobre el Sahara Occidental.

Como gendarme que es Marruecos en la zona de los EEUU, recibe el beneplácito para empezar a soltar oleadas de pateras que salen de las costas del Sahara Occidental. Frenando la salida de pateras de las costas mediterráneas, para cumplir el acuerdo que tiene con la UE, de la cual recibe dinero para ese control. Pero por ende, ya que la UE no reconoce la soberanía de Marruecos sobre el Sahara Occidental, permite que salgan pateras, habiendo arribado a las islas Canarias hasta 7000 inmigrantes ilegales.

España viéndose desbordada por dicho chantaje, los instala en antiguos acuartelamientos en desuso, acondicionándolos con carpas para la instalación de dichos inmigrantes ilegales. Pero como no da abasto, llega a acuerdos con hoteles de las islas, para instalar a los restantes. Les proporcionan ropa, tres comidas, abono de transporte y alojamiento. Más una paga mensual para sus gastos.

Marruecos, accede a la devolución de los inmigrantes ilegales, en una proporción de solo 20 personas por semana, en vuelo de avión, hacia El Aaiun. Así refuerza que se esté reconociendo implícitamente que es territorio marroquí. Como es obvio, con esa cantidad ridícula de devoluciones, tardará años en poder devolverlos.

Esos inmigrantes ilegales que tienen libertad de movimiento en la isla, hasta que transcurre el plazo máximo que según la ley pueden estar retenidos. Ellos a su vez, como tienen todos los gastos de mantenimiento cubiertos por el Gobierno de España, aún pueden ayudar con esa paga que se les da, enviando remesas a sus familiares de sus países de origen.

Por lo tanto, cuando sus familiares reciben noticias suyas, de que están bien mantenidos, que tienen sanidad gratuita, alojamiento y que reciben una paga, se sienten alentados a seguir el camino que hicieron antes sus familiares. Por lo tanto, cómo no van a seguir llegando.

Por eso, la única manera de disuadir que eso siga sucediendo, dependerá siempre de la buena voluntad de Marruecos, que como es obvio, no va a desperdiciar dicha situación, para sacar réditos políticos y económicos a cuenta de UE.

Las medidas para por lo menos paliar la situación para que la cosa no desborde a la UE, pasa por negociar con Marruecos, de manera que éste vea como más substancioso un acuerdo, que seguir con su política de chantaje. Ya que en cuanto dicho acuerdo, está claro que aunque no va eliminar dicho problema, si pasará a ser algo residual.

¿Qué medidas deberían de tomarse?

Desde luego ésta pasa por tener unas vallas en Ceuta y Melilla que no sean tan tercermundistas, de manera que los subsaharianos empleando excrementos, orines y cal viva pongan en jaque a las fuerzas de seguridad del Estado, permitiéndoles que con cizallas corten la alambrada de la frontera. Y entren a sus anchas, ya que las fuerzas de seguridad del Estado, están de manos atadas, o sea de adorno, ya que no pueden tocarles, so pena de ser denunciados, por el Gobierno del propio país que tienen que defender.

Que se creen patrullas conjuntas hispano-marroquíes, para la detención y rescate de todas aquellas pateras que salen de sus costas, con la devolución automática. Ya que de llevarse a cabo dicha labor, es obvio que disuadiría a la inmensa mayoría de la inmigración ilegal de entrar por Marruecos para alcanzar Europa. Eliminando el problema de masificación migratoria que dice padecer dicho país. Y acabando con las oleadas de inmigrantes que llegan a las costas de Europa. Ya que teniendo claro, que tan pronto como lleguen a Europa, serán devueltos automáticamente, dejarían de venir en gran medida.

Pero claro está, eso no va a suceder por puro altruismo, para que Marruecos acepte eso, tendrá que sacar su tajada económica, aprovechando la coyuntura de su importancia como Estado "tampón". Por lo tanto la UE, aunque se sienta chantajeada, tendrá que aceptar dichas reglas o de lo contrario, seguir siendo invadida por oleadas de africanos, que aprovechan la situación de desencuentro entre las partes, para logra su objetivo.

Una política más dura para todo aquél que viole las fronteras, que cumpla una condena de 2 años de privación de libertad, por infligir las leyes. Tiempo más que suficiente, para determinar si podrán ser deportados o no a sus países y aquellos que no se pueda deportar, que tengan la seguridad que por haber entrado de manera ilegal, no podrán regularizar su situación nunca. Ya que aleccionados por los que les antecedieron saben, que con la situación actual, estarán como máximo 60 días mantenidos a "pensión completa" en un CETI. Y como la mayoría de las veces el tiempo es totalmente insuficiente para poder aclarar su procedencia, saben que quedarán libres sin cualquier penalización por la infracción, campando a sus anchas. Dándoles un papel que pone orden de expulsión, pero que jamás será ejecutada. Y además, el Gobierno, con su política de integración, les subvencionará con una paga mensual y morada, hasta un máximo de 2 años. O sea viviendo *"a la sopa boba"*, después de haber cometido una infracción. Con tales incentivos cómo no van a seguir viniendo, si les están diciendo con esas medidas, tú tranquilo sal de África que cuando llegues al continente europeo, te van a subvencionar hasta que te consigas situar. La reacción natural será, hermano nos están incentivando para que vayamos a Europa, en lugar de ponérnoslo difícil, solo hacen que darnos facilidades. Sin duda eso se lo haría pensárselo mucho más, que no saber que tras 2 meses mantenidos, quedarán libres con pensión completa. Sin cumplir pena alguna por su violación de fronteras. ¿Cómo no van a querer venir, si en lugar de penalizarles, les incentivan?

Retirada de la sanidad gratuita para todos los inmigrantes ilegales, ya que aunque a nadie se le va a dejar morir, que tenga al menos que pasar por la dificultad de ser atendido en las colas de urgencias. No que acuda a un médico con la misma facilidad que el que cotiza. Pues así lo único que se está logrando es, que aumenten las listas de espera para los que cumplen con sus obligaciones de cotizar y el *"agujero en las arcas de la Seguridad Social"*. Y penalizar con más demoras al que cumple. Al no incentivar el cotizar, puesto que se tiene sanidad igual.

Dejarse de politiqueos baratos, que con proclamas populistas, lo único que buscan de verdad es, la obtención de réditos electorales, aunque las consecuencias sean, aumentar la precariedad laboral e inseguridad ciudadana.

¿Acaso llenar las calles de *"manteros"* es la solución? La competencia desleal, solo conduce al prejuicio de los negocios legales, que se ven obligados a reducir personal o cerrar. Esto es, más paro para el país. O sea, teníamos pocos problemas y nos hemos buscado uno más, con nuestra política de hechos consumados. De que los que vienen de fuera buscando una vida mejor, empeoren la vida de los que ya están en el país. La sociedad tiene derecho a defenderse frente a esa inmigración ilegal, puesto que lo único que nos va a aportar es a mayor pérdida de calidad de vida.

Si, ya sé que es mucho más fácil hacer demagogia y decir pobrecitos los *"negritos"*…Ups perdón que seré tachado de racista, tengo que decir *"morenos" o "subsaharianos"*. Pero no se puede solucionar el problema de ese goteo incesante que está invadiendo el país. Pues además de no acabar de solucionar sus sueños que venían buscando, lo único que sí que ganamos es el enquistamiento en la sociedad de un gueto que nos traerá más problemas. O sea no han conseguido lo que venían buscando, pero nosotros sí que hemos conseguido un problema más, con las calles llenas de inmigrantes ilegales deambulando. Que acabará redundando en la inseguridad ciudadana.

También habrá aquellos políticos que nos tratarán de hacer creer, que las llegadas de esa cantidad de inmigración ilegal es la solución futura de nuestras pensiones. Para eso nos venden que el país necesita 5.000.000 para mano de obra. O sea tenemos 3.500.000 de parados que no encuentran empleo, como haciéndonos ver que fuesen unos vagos que no quieren trabajar y sin embargo, si va a encontrar empleo el inmigrante ilegal. Pues claro, porque los inmigrantes ilegales, trabajarán al igual que sus conocidos que les antecedieron en empleos sin contrato. O sea fomentando que haya más precariedad laboral, de la cual se aprovechan los especuladores laborales. A ellos les da igual tener contrato o no, en la cultura de sus países ese es el pan de cada día, por lo tanto será mejor ganar algún dinero aunque sea sin contrato, que no ganar nada. Y esos son, los que nos vende el gobierno, que nos asegurarán el futuro de nuestras pensiones. Qué manera más cínica de tomarnos por imbéciles. O sea, llegan como inmigrantes ilegales, trabajan en empleos que no cotizan a la Seguridad Social, hacen uso eso sí, de la sanidad gratuita, lo que conlleva a que aumente el agujero deficitario y las listas de espera; pero serán los que nos pagarán las futuras pensiones. Esa es la gran mentira que nos tratan de vender… ¿Acaso esos que llegan no habrá que pagarles también sus pensiones? Puesto que aunque no coticen nunca, siempre se podrán acoger a una pensión no contributiva. Al fin el inmigrante ilegal lo sabe, no estaré legal, pero sanidad gratuita tengo y aunque no haya cotizado cobraré una pensión no contributiva, cosa que en mi país ni en sueños. O sea con esa política, de salir del paso con parches de ese tipo, solo demuestra la corta de miras, de tratar de ir pasándole la pelota al que venga detrás. Puesto que vivimos en un planeta en que no se le puede llenar hasta el infinito. La solución no es que vengan más y más, si vienen constantemente oleadas de inmigrantes ilegales, que son los que nos van a solucionar el futuro de las pensiones, ¿qué nos espera? ¿Llenar el país hasta que no quepa un alfiler? El planeta tiene unos límites demográficos y hay que plantearse muy seriamente el control de la natalidad. En África vivirán muy mal, según nos cuentan, pero es el continente con la mayor tasa de natalidad. Por lo tanto quizá lo que nos debamos plantear es, exportar condones gratuitamente.

La solución pasa por la optimización de los medios económicos, en lugar de despilfarrarlos a través de la corrupción, la falta de inspección y el derroche en cosas absurdas. Si eso se lleva a la práctica, ten por seguro que se tendrá el futuro de las pensiones asegurado, sin tener que llenar el país con *"parches"*.

Lo que está claro es, que la política de la inacción de abordar los problemas en profundidad, no nos llevará a nada bueno. Cuando se oyen propuestas, siempre son a corto plazo, como tratando de eludir el problema el de turno.

Si de verdad preocupara al gobierno lo de las pensiones, incentivaría la natalidad de los nacionales para tener más hijos, pero parece que salen mejor las cuentas, con la llegada de los africanos, que ya llegan criaditos

Pero está claro, que el gobierno en lugar de invertir en futuro, apuesta más por lo que le salga más barato al momento. Retrasar la edad de jubilación al máximo, en lugar de dejar paso a las generaciones más jóvenes que están en el paro y apostar para que la inmigración ilegal, ocupe los puestos de trabajo fomentando la precariedad laboral. ¿Es así como piensan solucionar el paro?

Por eso los intríngulis de la inmigración ilegal esconden muchos intereses encontrados. ¿Sino, cómo habiendo más de 3.500.000 de parados, van a encontrar trabajo los que vienen de fuera? Pues ocupando los nichos de la explotación laboral de los especuladores. O sea ir día a día degradando más y más la calidad de vida, la sociedad se irá empobreciendo. Y aun así esperan que no reaccione la sociedad, del problema que se le viene encima a pasos agigantados.

Varios países de Europa, se niegan a aceptar el reparto de inmigrantes ilegales. Puesto que saben que esa no es la solución, pues el goteo será imparable. Por lo tanto endurecer las condiciones para que se queden los ilegales, ayudará a luchar contra las mafias en su negocio canallesco. Sin embargo otros, se refugian en la hipocresía de que hay que ser solidarios y ser cómplices con las mafias, enviando salvamento marítimo para rescatarlos y completar la labor y el negocio de ellas. O sea, mirar para otro lado y que el problema continúe.

Parece resultar más cómodo para esos políticos refugiarse en la hipocresía, que en abordar la situación de manera contundente.

El problema de los manteros

Que no se lleve nadie a engaño, con la típica frase, hay que dejar que lo pobrecitos se ganen la vida honradamente. ¿Vender productos falsificados tirados en una manta es honrado? Parece que no queremos ver la cruda realidad, ya que "los manteros", no son más que continuidad de las mafias africanas en origen. Allí les engañan o se dejan engañar voluntariamente, de que vienen al El Dorado europeo, donde hay trabajo para todos ellos en un continente donde abunda el empleo. Una vez que han alcanzado el sueño europeo, se dan de morros con la realidad, de que tal paraíso no existe. Pero una vez que han llegado hasta aquí, no van a dar marcha atrás y como tienen que subsistir; algún mafioso africano espabilado, les ofrecerá a sus colegas recién llegados, vender la mercancía en base a productos falsificados, tirados por las calles. O sea salieron con una mafia y continúan en Europa con otra mafia.

Y con ese tratamiento benévolo que les quieren dar los políticos demagogos, no hacen más que ser cómplices de que sigan haciendo el juego a las mafias. O sea además de ser explotados por algún conciudadano africano, lo único que redunda es, que con dicha labor arruinan al comercio minorista local, provocando el cierre por la competencia desleal, al no pagar impuestos, ni cotizar a la seguridad social y vender falsificaciones mucho más baratas que los originales.

Así vemos las calles sembradas de "manteros" invadiendo el Metro o Estaciones de autobuses donde venden tranquilamente, sin dejar casi paso a los transeúntes y una imagen tercermundista, corriendo por ellas cuando se percatan de la presencia policial, arrollando a todo aquél que se les ponga de por medio. Envalentonados, sabedores de que la policía no les hará nada, salvo intentar requisarles las falsificaciones que venden. Con el cierre de los negocios legales, habrá más gente en el paro y mucha mayor precariedad laboral.

En el transporte público pasa igual, con eso de ser inmigrantes ilegales, se creen con el derecho a hacer lo que les venga en gana, como saltarse los tornos, colarse en los trenes y autobuses públicos. Y ojito que a nadie se le ocurra recriminarles, que dirán que es racismo, como restregándote que hacen eso por tu culpa, por ser ilegales. Observas que muchas veces los vigilantes de seguridad o las fuerzas de seguridad del Estado, están viendo que se está saltando el torno de un transporte público y miran para otro lado. Sabedores, que de nada valdrá que les detengan, puesto que entrarán y saldrán de comisaria como "perico por su casa", volviendo a las andadas. Al fin son insolventes, ¿qué les van a embargar?

Ellos no hacen más que aprovecharse de la coyuntura de esos políticos populistas, que con su desidia están creando guetos en las ciudades.

Dando un espectáculo, en que los extranjeros de otros países, se quedan abrumados, con esa imagen bochornosa. Con esas correrías por las calles, con el atillo a cuestas de los africanos. Que además de producir impotencia en los nativos, nos traslada el bochorno que sentimos que nos vean desde fuera así. Como un país donde la anarquía campa por doquier.

Además los propios manteros se burlan jocosamente de la policía, ya que sus políticos les dicen que hagan acto de presencia pero que no les toquen. ¿Qué respeto puede infundir así el país?

Y lo peor de todo es, que no nos damos cuenta, algunos, que con esa actitud de decir, pobrecitos, solo tratan de ganarse la vida. Lo que estamos propiciando es, que el mafioso africano que les usa como meros *"esclavos"* suyos se encuentra con mano de obra barata, ante la permisividad de las autoridades. Él cual dirá, la coyuntura me viene al dedillo.

Por otro lado están esos que compran a esos "manteros", que se creen que les están haciendo un favor, cuando lo único que están fomentando es que haya una precariedad, pues seguirán siendo explotados por ese mafioso. Habría que multar a los que compran, ya que están colaborando indirectamente a que un mafioso se esté enriqueciendo de una manera ilícita a cuenta de otros explotados.

Y lo peor es, que los políticos se hacen valer de proclamas populistas, que lo único que buscan es, obtener réditos políticos para sus propios intereses electorales.

Eso sí, sin abordar el problema, sino que más bien parecen querer pasar *"la patata caliente"* al que venga detrás. Como si fuese un beneficio de cara al turismo, ver las calles invadidas de inmigrantes ilegales, con la mercancía tirada por doquier. Cuando en realidad solo aportamos una imagen bochornosa del país, en que los de fuera nos verán como unos incompetentes incapaces de saber abordar el problema para cortarlo de raíz. Pensando vaya país de pacotilla, que los inmigrantes ilegales tienen como rehén, incapaz de solucionar el problema.

Lo que se están formando en las ciudades son guetos de gente marginal, que como no tienen nada que perder, les importa un bledo caer en el mundo del hampa, provocando mayor inseguridad ciudadana en las calles.

Mientras siguen las invasiones de oleadas de inmigrantes ilegales, que de no poner remedio, conducirá a la destrucción del estado de bien estar. Y todo el mundo mira para otro lado, como si no fuese con ellos la cosa.

No hay problema, según dicen nos hacen falta unos 5.000.000 de inmigrantes para mantener las pensiones futuras. Pues si es así, con esos 3.500.000 de parados, habría pleno empleo. Que tome medidas el gobierno, pues ya tiene de dónde tirar para suplir esa falta de mano de obra que suele decir que hará falta. Es tal el cinismo que el gobierno parece querer burlarse de nosotros como si fuésemos idiotas. O sea hay esa cantidad de parados sin trabajo y nos dicen que nos hacen falta 5.000.000 de inmigrantes. ¿Para qué? Para que así con el exceso de mano de obra, cada vez se cobre menos y se hagan más ricos algunos. Y el problema del paro siga igual. Pues solo sería viable eso de que nos "hacen falta", si hubiese pleno empleo en el país y faltase mano de obra. Pero no sucede eso, al revés con esa política solo está habiendo más precariedad laboral y empobrecimiento social. Pues esos inmigrantes ilegales que llegan, trabajarán por lo que sea, de forma que el patrón le dirá al nacional que opte al empleo, ¿no quieres trabajar por lo que te ofrezco? No te preocupes que ya habrá otro que trabajará por esas migajas.

Además, como tenemos una inspección laboral que es deficiente, los patrones especuladores contratan inmigrantes ilegales, pues saben que no les pasará nada, salvo raras excepciones. Por eso hay tanta precariedad laboral, ya que el ilegal se agarrará a lo que sea y los trabajadores legales, tendrán la competencia desleal. Al punto que podrás llegar a oír conversaciones telefónicas en un transporte público, entre un intermediario laboral charlando con un empresario especulador, al que se le pregunta si quiere los trabajadores legales o ilegales.

Nos dicen, del riesgo de despoblación de España, será por eso que miran para otro lado, mientras llegan oleadas de pateras. Quizá esperando que esos 120.000.000 de africanos que están esperando para venir a Europa, repueblen España.

O sea, nuestros políticos se ríen delante de nuestras narices y nos meten por los ojos, que la solución es que vengan más y más. Si es así, ¿qué pasará con el planeta Tierra, cuando no quepa ni un alfiler? Hace muchos años ya se hizo un estudio a nivel mundial, en que se explicaba que la Tierra tiene unos márgenes de sostenibilidad, en que se comentaba que era necesario el control de natalidad a nivel mundial. Ya que los recursos del planeta en que vivimos son limitados. Por lo tanto la población mundial no puede seguir creciendo infinitamente, como lo ha hecho hasta ahora.

Esto es, no hay trabajo para toda esa masa que está en el paro y sin embargo todos esos que dicen que nos hacen falta si van a encontrar empleo por arte de magia. El caso es seguir enredándonos y mantenernos aletargados de la cruda realidad. Vamos que no encuentran trabajo los de aquí y si va a haber para los que vienen de fuera. ¿Cómo se come eso?

Es entendible que todo el mundo busque mejorar sus condiciones de vida, pero si la nación no se defiende de esa invasión de inmigrantes ilegales, lo único que se logra es llegan y como caerán en manos de algún especulador, al final ni solucionan su problema los que han entrado ilegalmente, así como empeoran la calidad laboral de los legales. O sea, ni arreglan lo de los primeros, pero si empeoran lo de los segundos. Y una nación tiene que defender el bien estar social, no dejar que se vaya degradando más, haciendo caso omiso, a todos esos ilegales que llegan, que saben no van a ser expulsados salvo contados casos.

La actitud benevolente de algunos políticos hacia "los manteros", solo esconde sacar réditos electorales. Creyendo que por tener una actitud de buenismo, van a sacar tajada entre los electores.

Pero la auténtica responsabilidad es, que lo único que hacen con esa actitud de permisividad es hacerles el juego a los mafiosos, que son los que están detrás de los que venden como "manteros". Al fin y al cabo, el mafioso no está ahí para ayudar a sus conciudadanos africanos, sino para aprovecharse de la coyuntura y explotarlos. Para ellos cuantos más "manteros" haya, mucho mejor más "empleados" trabajando para la mafia.

Mientras los comerciantes se ven ante la competencia desleal, arruinados en sus negocios, viéndose muchos de ellos obligados a echar el cierre. Con el consecuente desempleo de sus empleados, que se ven arrojados a la calle por la coyuntura del gobierno que mira para otro lado, ante el problema como si no fuese con ellos.

Consecuencia, más paro, más precariedad laboral y más ruina económica para el país. Ya que los "manteros" empleados encubiertos del mafioso, no cotizan a la seguridad social ni pagan impuestos. Pero a cambio si hacen uso gratuito de los servicios sociales. Mal vamos con esa política.

Eso sin mencionar la imagen tercermundista que da el país ante otras naciones, al verse infestadas sus calles de "manteros". Ya sé que alguno dirá la solución sería "papeles para todos". ¿De verdad hay algún cretino que se crea que esa es la solución? Sí, regularizar por ejemplo a 100.000, a los pocos meses habría otra bolsa de 100.000 ilegales que han llegado, alentados porque se dan cuenta que la cuestión para conseguir la legalidad es solo esperar y así, en un suma y sigue. Puesto que el "EFECTO LLAMADA" de la regularización les haría venir infinitamente.

Y a la vista que es una lacra extendida en las ciudades, por ponérselo más fácil no van a mejorar las cosas. Por lo tanto la política de intolerancia, servirá al menos para que no sigan haciendo negocio los mafiosos, que explotan a sus conciudadanos y a la vez arruinan al comercio local. Al ponérselo tan fácil la política de determinados alcaldes y políticos iluminados, que se creen ser, los grandes mesías de occidente que solucionarán los problemas.

Hay que crear una brigada, encargada de perseguir a conciencia ese submundo de la mafia y ponerles las cosas muy difíciles y que no crean que hay una total impunidad. A semejanza de otros países, hay que buscar a toda esa gente que entra con un visado de turista y se queda. Pero no, la inoperancia es total en ese aspecto y los que entran lo saben, que una vez caducado su visado, seguirán tranquilamente haciendo vida normal. Vamos que han venido para quedarse y ya está.

El gran problema que hay que abordar con seriedad es, que a una persona que entra ilegalmente, saltándose todas las leyes y que se le entrega una orden de expulsión, ésta se materialice. No que en su inmensa mayoría no pase de un papel mojado, que para lo único que sirve es para confirmar desde que fecha lleva esa persona ilegalmente en el país. Que le servirá al dedillo para una futura regularización, al poder demostrar con esa orden de expulsión la fecha desde la que lleva viviendo en el país, para acreditar su arraigo.

Pues es preocupante que un país que no es capaz de hacer frente a un fenómeno de manera ordenada, para que no haya tantas facilidades de invasión migratoria. Hace desconfiar de sus posibilidades de defensa, ante una posible agresión de un ejército extranjero. Cuando la inmigración ilegal, le tiene contra las cuerdas.

Pues no es de recibo que un país entero se tenga que arrodillar ante las mafias de le inmigración ilegal económica. Voluntad es lo que falta, para implicarse de verdad en tratar de arreglar un problema que traerá unas consecuencias muy nefastas para el futuro de la sociedad.

Quedarnos en la inacción, solo nos acarreará el arrepentimiento futuro de no haber tratado de atajar el problema cuando se pudo. Pues lo que no es tolerable es que la incompetencia de sus políticos, dejen que la bola se vaya haciendo día a día más grande.

Hay que afrontar con seriedad, que la desidia solo generará que no solo no se habrá solucionado el problema para el que vino con la esperanza de cumplir sus sueños, sino que además habremos dejado el problema para los que nos sucederán en vida.

La trata de negros

Una vez rescatados, bien por las ONGs o los guardacostas, como llegan indocumentadas no podrán ser expulsadas, aunque se consiga constatar de qué país proceden. Ya que en dichos países no hay siquiera registros que permitan poder constatar su procedencia. Y aunque figuren, no aceptan su devolución, ya que siempre serán más rentables fuera de su país. Quedando en libertad como máximo a los 60 días, en los CETI.

Al quedar en libertad, ya saben a dónde deben dirigirse, puesto que desde su lugar de salida en África, sus familias son amenazadas como rehenes, para que las mujeres cumplan con la mafia en la trata de prostitución. Ya que las hacen falsas promesas de empleo, sometiéndolas a que asuman deudas astronómicas, que las hacen estar empeñadas de por vida con los mafiosos que las engañaron.

Explotadas por un proxeneta de su propio país, que las tienen amenazadas con represalias a sus familias, con vudú, etc. Pasan a ser las esclavas sexuales, que son exhibidas como carnaza en los lugares de prostitución de las ciudades.

Su vida pasa a ser de una esclavitud total, disponibles las 24 horas para los requerimientos sexuales de los clientes, teniendo que soportar acostarse con auténticos asquerosos nauseabundos. Con la esperanza de que llegará el día que saldarán su deuda.

Y ese será su El Dorado prometido por las mafias, que las explotarán, hasta que sean desechadas por viejas. Cuando lleguen a ser "mercancía inservible", las mafias las desecharán tirándolas a la calle, como quien vuelca un cubo de basura. Ese el triste destino que les espera a la inmensa mayoría. Pues llegará el momento en que serán viejas y ya no serán rentables para el negocio.

Serán un deshecho humano, ya que no contarán a sus familias la cruda realidad de que han venido engañadas para ejercer de "putas". Pero no como putas libres, sino putas al servicio de un proxeneta conciudadano que las explotará hasta el fin.

Dejan atrás sus países, donde quizá vivían con estrecheces, pero al menos no eran una mercancía al servicio de otros. Donde lo que les habían prometido, no era más que una falacia. Y lo que les aguardaba era algo muy terrible, donde la figura de la emigración, no era más que una máscara, donde todos esos sueños que pensaba realizar han acabado reducidos a, ver su cuerpo explotado en un prostíbulo. Sin sacar provecho alguno para sí, al fin solo se siente una mercancía. Ese es el porvenir que le habían prometido, tragarse yaciendo con vejestorios, tullidos, disminuidos psíquicos; etc. Expuestas a coger todo tipo de enfermedades y recibir palizas si no recauda lo que considera el proxeneta.

En el caso de los hombres, sus salidas laborales serán, ejercer de "manteros" explotados por un compatriota, ser *"camellos"* de algún narcotraficante, ser trabajador clandestino de algún especulador laboral; etc.

Lo preocupante es, que viniendo a buscar mejorar su vida, traslada el problema a la sociedad que se ve obligada a aceptarlo a propósito. Originando que problemas que eran menores o que no tenían, pasen a ser motivos de preocupación. Hasta que al final, esos que llegaron jóvenes y vigorosos pasarán a ser unos guiñapos sociales, tirados a la basura por sus propios explotadores. Donde la dignidad de los africanos se habrá visto pisoteada y lo peor de todo, por sus propios conciudadanos.

La integración

De todos los grupos migratorios que llegan, los musulmanes son el grupo más difícil de integrar, son personas que no se integran, hasta que han pasado como mínimo tres generaciones. Eso sí, vienen al país para disfrutar de todas sus ventajas posibles para su persona. Que aporta una sociedad moderna, pero sin renunciar ni un ápice a su modo de vida, un modo de vida que sigue igual que en el medievo y que en los casos más ortodoxos, son seguidores de "la sharía", donde en el tiempo que vivimos aún siguen penalizando por el robo, con la amputación de una mano o un pie; lapidar hasta la muerte a la persona que contraviene los preceptos de la ley islámica; la ablación del clítoris en las mujeres; etc. O sea, saltándose todos los derechos humanos en favor de esas prácticas horrorosas. Es una religión totalmente machista, en que sus propias mujeres, según su forma de vida son un *"cero"* a la izquierda, tendrán que ir vestidas como si estuviesen en el norte de África, como para recordarlas que aunque hayan llegado a Europa, seguirán sometidas por completo al machismo de sus maridos, que ni siquiera les dejan pensar. Y siguen supeditadas como si fuesen "un mueble" que tiene propietario, eso es, a su propio marido. Meticulosos como son de la pureza de sus mujeres, las tendrán férreamente controladas, velando por su moralidad. Ahora bien, los hombres musulmanes, no desdeñarán si surge la ocasión el poder "follarse" a una occidental, saltándose todos los preceptos morales del islán. Vamos, la típica ley del embudo, lo ancho para los hombres y lo estrecho para las mujeres. Como vivir a costa de una mujer del país de acogida y tratarla como una basura. Pues en el fondo, aunque se vea en esa contradicción de no seguir los preceptos de esa religión tan moral como es el islamismo, se regocijarán con que en el fondo, tienen derecho a hacerlo. Ya que "ellas", no son más que infieles de la religión islámica. Lo que les excusa, de poder hacer lo que les dé la gana, aunque no sea una cosa bien vista por su propia religión. Además hay algo curioso entre muchos de ellos y es, que tienen la idea de que volverán a reconquistar con su llegada incesante, el antiguo territorio que ocuparon los almorávides. Prueba de ello es que una vez estando para visitar la Alhambra, entrando en una tienda de suvenires, mantenían la conversación dos magrebíes, en que uno le decía al otro, apuntando con el dedo hacia la Alhambra, eso volverá a ser nuestro. Igual que pasa con la Mezquita de Córdoba, que reclaman la comunidad islámica el derecho de poder volver a rezar de manera compartida con los cristianos en ella. Pero eso no es más que un paso para en el futuro reclamar su uso exclusivo. Curiosa sociedad, que en sus países prohíben el culto y abrir templos de otras religiones. Sin embargo al país que instalan, lo invaden de mezquitas.

La reacción social

Por cruel que pueda parecer, esto es un sálvese quien pueda, el emigrante viene buscando una mejor vida y le da todo igual, si lo que hace es legal o no. Viene buscando su bien estar para él y los suyos. Por lo tanto no escatimará hacer cualquier cosa, con tal de lograrlo. Aunque su actitud roce lo indecoroso. Pero esto es la vida, luchar en esa jauría a brazo partido.

Al nacional, le parece una invasión descontrolada, la llegada de emigrantes sin parar. Pues lo que en un principio, puede parecerle mirar como un principio de solidaridad del estado de bien estar, del que disfruta. Como es un torrente de llegada de inmigrantes ilegales infinito, se empieza a dar cuenta que o lucha por frenarlo, o al final no habrá bien estar ni para el emigrante ni para él.

Observará que la única manera de pararlo es, apoyando al partido que defienda la sociedad instaurada en su país o de lo contrario sucumbirá la nación a esa invasión que hará desaparecer la sociedad que forjó esa nación. Acabando ese estado de bien estar, por aquellos que quieren llegar, para disfrutar de todo aquello que está ya hecho.

Los que se denominan progresistas, atacarán a todos aquellos que quieran luchar por la inacción del Estado, llamándolos "fachas", "xenófobos", "insolidarios"; etc. Eso sí, unos progresistas que viven como auténticos burgueses, con casoplonas y toda serie de lujos. Así funciona esto, vender mucho lo del proletariado, para después tener una vida como de ricos.

Claro está, no todo el mundo muerde en la el anzuelo. Y los que se dan cuenta de lo que se avecina, tratan de cortar la sangría social. Pues bien es obvio, que el mismo pastel con la llegada cada vez de más y más emigración, cada vez tocará a menos. Con el consiguiente rechazo, al que era visto de manera solidaria, pasar a ser visto como un invasor. Es la reacción normal de cualquier sociedad que siente peligrar su estado de bienestar.

Pero que la oposición trata de denigrar, con tal de lograr su asiento en el parlamento. Y el gran problema es, que cada vez se va haciendo más grande la bola de nieve. O sea, más emigración, más gastos sociales, más precariedad laboral, más manteros, más cierre de negocios locales, más gente al paro, más peligrosidad social; etc. O sea, más problemas si ya teníamos pocos.

Y como los políticos, nos toman por unos imbéciles, nos venden, que es una bendición la llegada de los inmigrantes ilegalmente. Qué al revés, en lugar de aumentar los gastos sociales, al revés, nos aumentan nuestras pensiones.

Esa creencia que nos tratan de vender es, que es necesario a la fuerza que venga más y más emigración, para que el país siga creciendo; no es más que una banal propaganda. Vivimos en un planeta Tierra, en que los entendidos, decían que debía tener una tasa de población máxima de 500.000.000, hemos alcanzado los 7 billones, qué esperan que no quepa ni una hormiga cuando seamos 700 billones. Los recursos son limitados y el planeta no tiene la capacidad infinita, para alimentar tal población. Lo que se debe hacer es que haya un control demográfico, de forma que los países, se autorregulan, de manera que ni aumenten más ni mermen más. De manera que se puedan mantener, sin desaparecer, ni tampoco padecer una emigración descontrolada. Y así se podrán mantener las pensiones de manera blindada, sin estar asustando a los mayores, de que se acabarán. Pues que menos, que después de toda una vida laboral, cobrar un descanso.

Las ilusiones perdidas

La emigración, tiene una máxima común a todas ellas y es, que todos los que emigran, salen cargados con una mochila de sueños. En que todos los que emprenderán la empresa,

en la certeza de que triunfarán y volverán a su punto de partida, con todo lo acaparado.

Pero después, la realidad les enseñará una real muy distinta. Y es, que solo una ínfima parte habrá triunfado como creían. Ya que en el largo camino, algunos morirán por accidentes o enfermedades; otros comprobarán, que si quieren acumular la riqueza anhelada, será a base de privaciones y de llevar una vida muy austera, privándose de casi todo; otros, fracasarán en la empresa comprobando al regresar que otros sin pasar por eso, han logrado lo mismo que ellos y otros los más afortunados habrán logrado el éxito, aunque el precio sea, que se les ha ido la vida en ello.

Y muchos se plantearán, ¿realmente mereció la pena emigrar?

Pero en esa quimera vivirán de no tener la certeza de si mereció o no, salir de su tierra.

Por desgracia esa es una constante, que todo aquél que vivió la emigración, sabe lo que es. En la cual hay en el mundo esa trashumancia de los pueblos en busca de ese sentido a lo que hacen, donde la mayoría después del largo éxodo, no lo habrá encontrado.

Mirando hacia atrás, algunos se darán cuenta, que la emigración no fue más que un engaño, donde que los pocos privilegiados que lograron alcanzar su meta, se darán cuenta que el precio fue, que ahora son viejos. Y no podrán disfrutar de lo logrado, como imaginaban cuando empezaron la empresa, en que eran jóvenes y estaban pletóricos.

Ya que, peinando canas, lo único que desean es descansar y sosiego, como ancianos que son.

Pero el problema queda enquistado para el país de acogida, pues los inmigrantes como es natural, vienen buscando su bienestar y no se paran con moralinas, ellos a lo suyo.

Total que después se crea un clima de crispación donde los que llegan, se enfrentan a los que están. Los primeros tratando de lograr esa mejora que les hizo abandonar sus lugares de origen. Y los segundos viéndose obligados a defender su status social, para no verse perjudicados por los que han llegado. Puesto que aunque se quiera tener una cierta humanidad, lo que ocurre es que esa llegada ingente de personas, provoca que haya un empobrecimiento social. Donde para mejorar el estado de vida del que llega, se ve empeorado el de que ya estaba.

Y ese problema lo sienten también los que emigraron antes, que estando ya asentados en el país de acogida, se dan cuenta que si no se pone freno a esa llegada imparable de gente, que vacía sus países y quieren buscar su bien estar, acarreará que peligre su status logrado. Haciendo que ese problema se enquiste en la sociedad, donde por reacción natural, el que está tratará de hacer valer sus derechos frente al que llega.

La subsistencia como nación

Hay algo que es obvio, que una nación para sostenerse no puede perder su esencia, por lo tanto la emigración debe llegar reglada, conforme a sus necesidades y capacidad de absorción.

La llegada de la emigración descontrolada a parte de los problemas que ocasiona en el país, ocasionan también problemas entre esa misma masa emigrante. Pues el ser humano no es precisamente bueno, sino más bien al revés, por lo tanto aprovechará cualquier circunstancia para abusar de esos que han llegado ilegalmente.

Ya sé que habrá la retahíla de siempre, de que los emigrantes vienen a hacer el trabajo que no quieren hacer los nativos del país. Y eso no es así de verdad, lo que ocurre es, que cuando los nativos se niegan a realizar un trabajo en un régimen de explotación total, los especuladores laborales aprovechan para pasar esa explotación a esa masa de emigrantes ilegales. Ya que aprovechándose de su acuciante necesidad se someterán a esa explotación.

Que se logra con eso, pues solo precariedad laboral y nada bueno tampoco para los emigrantes ilegales, donde sufrirán vejaciones, como por ejemplo intentar violar a las mujeres que vienen para hacer las tareas agrícolas.

Y eso se arreglaría habiendo una mayor inspección eficiente, que impida lo máximo posible que se cometan esos atropellos laborales. De manera que no haya emigrantes ilegales trabajando en condiciones inhumanas explotándoles. Y que una política contundente de inspección multe a conciencia a todos esos explotadores laborales.

Así todos aquellos que viniesen para trabajar en campañas agrícolas, estuviesen controlados y legales, impidiendo que esa jauría de patrones explotadores, se estuviese aprovechando de su situación de tenerlos trabajando con las condiciones exigidas.

Y que también así, todos aquellos que llegan para la campaña agrícola, una vez acabada ésta, se vuelvan a sus países. A la espera de volver para la próxima campaña pero legalmente. No como sucede ahora, que es tal la desidia de inspección, que aquellos que llegaron para la campaña, una vez acabada ésta no vuelven a sus países, apostando por quedarse en la sombra de esa ilegalidad.

Y el gobierno es tal el desinterés que muestra porque se cumpla la ley, que pasa totalmente del tema, salvo soltar alguna bravuconada cuando se acercan las elecciones. No dándose cuenta que con eso lo único que hacen es potenciar más y más la emigración ilegal. Pues el que está dispuesto a emigrar dirá, si total no me va a pasar absolutamente nada, pues me voy a ese país tan tranquilo.

Parece que tenemos unos políticos que solo están preocupados por ocupar su sillón y lograr sus propios intereses individuales en contra de velar por los intereses colectivos de una nación. Mucha palabrería barata y poca práctica a la hora de la verdad.

La extinción de la cultura de occidente

Esa política de mirar para otro lado y ya acarreará con el problema el que venga, nos traerá consecuencias muy nefatas en un futuro no muy lejano.

La emigración que viene de otras culturas que nada tienen que ver con la cultura de Europa, es una emigración difícil de integrar, puesto que es reacia a desprenderse de su modo de vida, adoptando el del continente de acogida. Al revés, da la sensación como que se incentiva aún más el querer radicalizar sus diferencias culturales. Como si tuvieran temor a perder su identidad.

Pues seamos coherentes, vienen a lo que vienen a buscar una vida mejor, pero eso sí, manteniendo sus costumbres y tradiciones. O sea quieren beneficiarse de todo lo bueno que pueden encontrar en ese nuevo país de acogida, pero sin renunciar a lo de su país.

Y eso lo que provoca es que haya ese choque cultural, pues el que comprueba que el que viene de fuera, no solo no hace nada por integrarse sino que al revés, hace proselitismo de su cultura como tratando de que ese nuevo país de acogida sea "colonizado" por él.

Que ocurre con eso, pues la misma reacción que sucede en el cuerpo humano, en que las defensas inmunitarias tratan de combatir ese cuerpo invasor, que afectará a su salud, combatiéndolo con vehemencia.

Cuál será la reacción del que ha llegado, acusar de racista cualquier reacción de aquel que defienda los valores del país de acogida. Esa es la primera reacción a la que se agarran los emigrantes para escudarse.

Una frase muy recurrente es escuchar decir, me tratan así por puro racismo, porque soy emigrante o soy negro.

Qué esperan entonces, que han llegado a un nuevo país y en lugar de integrarse respetando sus costumbres y leyes, van a hacer lo que les venga en gana, porque por el hecho de ser emigrantes o negros, tienen derecho a ello.

Y lo peor es, que como suele pasar siempre en la política, habrá naturales del propio país que se agarrarán a esa baza, como trofeo electoral que vende.

Un ejemplo es la barbarie que algunos emigrantes negros de África cometen, que es querer una vez instalados en Europa, querer continuar con las prácticas salvajes de someter a sus hijas a la ablación del clítoris. O sea, han venido a Europa, buscando disfrutar del nivel de vida que hay, pero sin embargo quieren continuar con esas prácticas tribales. Y claro, como tontos no son, las envían con la excusa de que van de vacaciones a visitar la familia a África y no es más que una excusa, para someterlas a esa barbarie humana.

Quieren vivir con todo el confort de los tiempos modernos, pero a su vez no renunciar a esas prácticas primitivas. Lo que refuerza la idea de que no quieren en realidad integrarse, solo buscan explotar solo aquello que les beneficia sin alterar sus costumbres.

Por lo tanto la cultura de occidente, si no quiere extinguirse, no debe caer en esa hipocresía de avalar como bueno, todo aquello que venga de la emigración. Debe luchar por la defensa de su escala de valores, de lo contrario irá poco a poco sucumbiendo a perder su identidad.

Y aprovechándose de la gran tolerancia que hay en los países modernos de acogida, siguen con sus costumbres como si siguiesen habitando en los pueblos de su país.

Pero claro es, tan fácil apuntarse al carro de que la emigración descontrolada, solo nos aportará cosas buenas, que los políticos nos venden esa película. Solo hacen que resaltarnos una sarta de mentiras, como forma de esconder su falta de capacidad para poner medidas, que acaben con el peligro de que nuestra sociedad se diluya, por la simple desidia de ellos.

Lo que de no poner remedio nos conducirá a la extinción de la cultura de occidente. Al igual que pasó con civilizaciones del pasado que sucumbieron por su degradación y debilidad.

Ya sabemos de la cantinela tan recurrente, que cada vez que se plantea el tema, te acusarán de racismo. Pero es que la cuestión no es de moros, negros, chinos o del resto; sino de que por muy cruento que pueda resultar, hay que tomar medidas de contención. Pues es obvio que él quiere entrar, egoístamente buscará lograrlo y a su vez, el que está ya dentro del país tratará de impedirlo al ver peligrar su situación socioeconómica.

La coexistencia de culturas

Por mucho que nos traten de vender que la globalización y el multiculturalismo es lo que enriquece socialmente, no es verdad, lo único que origina es un foco de problemas. Puesto que el choque de culturas, provoca que haya enfrentamientos por la disparidad de costumbres, hábitos y religiones. Son distintos puntos de vista, acentuados aún más por la velocidad de los movimientos migratorios. Ya que la emigración paulatina y lenta, ha dado paso, a unos cambios de emigración vertiginosa social. Qué hacen despertar el recelo de los países que se ven invadidos. En los tiempos actuales ese fenómeno es mundial, fundamentado en que la política más laxa anima a los emigrantes a realizar movimientos migratorios, sin el temor de que vayan a ser detenidos o llegar a pagar con la vida, como ocurría en el pasado.

Las facilidades de movimiento, han propiciado que venga camuflada en esa emigración, toda esa delincuencia de otros países. Que venga y se instale en los países más prósperos. Algo natural, pues tal como dice un dicho, "yo no pido que me lo den, sino que me pongan donde lo hay".

Por eso, muchos emigrantes han hecho del robo, su "modus vivendi". Parecerá curioso que emigren de su país, para robar. Pero tiene su lógica, ya que saben que las leyes de los países donde emigran son más suaves. Nada que ver con las de sus países de donde proceden, donde por lo mismo les dan palizas o les llegan a matar. Y como es obvio, esto es "como coser y cantar", ya que aquí el respeto por los derechos humanos, impide que se cometan esas barbaridades.

Aquí es sustraer cosas que no tengan un importe, que puedan ser considerados delito. Por lo tanto, al ser una falta leve, conlleva a que estén desfilando todos los días por comisaría. En un entra y sale constante, vamos que llegan a tener una relación entre policía y delincuente, como si fuesen de la familia.

Por eso se han constituido auténticas organizaciones mafiosas que se dedican todos los miembros de la familia a sustraer, preferentemente a los extranjeros que suelen llevar la billetera más llena de dinero y que al estar en el extranjero denuncian menos.

Y lo que no es de recibo, es que no se tomen medidas contra eso, en que hay inmigrantes ilegales que han llegado a robar y estar detenidos más de sesenta veces, no pasándoles nada. O sea, ni les expulsan a sus países ni pagan con la cárcel. Como burlándose de las leyes del país a donde llegó.

Pero claro, la culpa no la tienen ellos, sino que los gobiernos muestran tal desidia, que no toman medidas para atajar el problema. Haciendo que la situación se agudice, ya que los delincuentes se aprovechan de la coyuntura de permisividad.

Y así se va tornando un entorno social cada vez peligroso. Muchos se preguntarán, les dejamos entrar queriendo mostrar una imagen caritativa y eso es en lo que redunda tal tolerancia hacia el emigrante. Qué además de querer beneficiarse de todo aquello bueno que tiene la sociedad a la cual ha llegado, nos retribuyen socialmente, creando un problema enquistado, como si fuésemos los culpables de que no hayan logrado lo que aspiraban cuando emigraron.

O sea, su frustración la paga originando un clima social hostil, como en una venganza de perjudicar al del lugar, haciendo todo lo posible por fastidiar.

Son esos comportamientos, lo que enconan más aún el enfrentamiento. Lo que redunda en que se cree ese ambiente xenófobo, al verte con cara de idiota como en lugar de querer ayudar, te han visto con cara de primo, cometiendo todo tipo de desmanes. Y que después se diga, pagan justos por pecadores, pero infelizmente siempre viene mezclada la paja con la mies.

De ahí que sea difícil, poder separar aquellos que llegan con voluntad integradora, de aquellos que nos van a proporcionar una piedra en nuestro zapato. Y en ese enfrentamiento constante vivimos, el emigrante sintiéndose que le miran mal, mientras que el nativo mostrará una actitud desconfiada de recelo constante, donde dirá o sino pensará, vivía tan a gusto antes de llegar éste.

La emigración tardía

En España el fenómeno de la emigración resultó más tardía que en otros países de nuestro entorno. En primer lugar, porque aún en los años 50 y 60 del siglo XX, muchos españoles iban a buscarse el sustento a Venezuela, Argentina, Brasil, Uruguay, etc. Y después últimamente a Alemania, Gran Bretaña, Francia, Suiza, Holanda y Bélgica.

Muchos dirán, justamente por haber sido emigrantes antes ellos, deberían ser mucho más tolerantes. Pero es que nada tiene que ver la comparación, pues mientras en los países sudamericanos, eran los propios presidentes de esos países los que venían a invitar a los españoles a que emigraran, en el caso de los países europeos, ya salían con un contrato bajo el brazo.

Mientras que en el caso de los africanos es distinto, ya que España a diferencia de Francia, Gran Bretaña, Portugal y Bélgica, no tenía presencia colonial en el África negra. Salvo un minúsculo país, llamado Guinea Ecuatorial. Estos países como tuvieron numerosas áreas en el continente negro, llevaban ya tiempo acostumbrados a la presencia de negros en su sociedad. Además los que llegaban, eran negros de antiguas colonias suyas, que por lo tanto dominaban el idioma de la antigua metrópoli. Mientras que en España antes de los 70 del siglo XX, ver a un negro por la calle era una auténtica raridad y si lo veías era casi seguro, un negro de alguna base norteamericana.

En años posteriores, empezó a verse algunos, que eran una pequeña parte de ecuatoguineanos a los cuales España les había concedido la nacionalidad, por haber servido como funcionarios en Guinea, antes de la independencia.

Pero a partir de los años 80 del siglo XX la emigración se empezó a disparar, con la llegada de sudamericanos de lengua española. Ya que la facilidad de no exigírseles visado, hacía que llegasen como turistas, se instalaban y se quedaban. Llegando el colectivo de ecuatorianos a alcanzar más de 1.000.000 de personas. Después llegó la emigración de marroquíes con un goteo incesante, llegando a la cifra de 1.000.000. Después, con la caída del telón de acero, llegó la emigración de los países del este, con otro 1.000.000 de rumanos. Pero al fin era una emigración, la sudamericana, que tenía un idioma y costumbres similares y la de otros países europeos, cuya cultura europea los hacía más afines a nosotros que de otras culturas.

Habían sido años de bonanza económica y se pudo absorber a personas que o traían el mismo idioma que el español o eran europeos de costumbres más similares, para favorecer su integración.

Pero después llegó la crisis económica y tal masa emigrante que llegaba, sucumbió a trabajar por salarios inferiores, provocando la precariedad laboral. Cosa que hizo rebelarse a los nativos, al verse desplazados por aquellos que trabajaban por menos.

Y lo que ya ha colmado el vaso es, la llegada de cayucos y pateras sin parar en una migración "in crescendo". De forma que se ven invadidos por magrebíes y negros de otros países de lengua francesa o inglesa, con los cuales nada tenemos de vínculo alguno sociocultural, ya que no fuimos siquiera su potencia colonizadora.

Y cuál es la razón, pues muy simple, los africanos, ante la imposibilidad de obtener un visado para viajar a los países europeos, han utilizado el servicio de las mafias para que les haga de trampolín en aguas del estrecho de Gibraltar. Para poner pie en territorio europeo, en su camino más septentrional. Ya que para muchos de ellos, España no es más que un punto en el que recalan en su viaje a otros países europeos con un nivel de vida superior.

Y como tontos no son, intentarán llegar lo más al norte posible de Europa, sabedores que cuanto más arriba alcancen, mejores perspectivas de vida les esperan. Por eso su meta es, de Francia, Gran Bretaña, Alemania o hacia los países nórdicos.

En resumidas cuentas, mientras en los países de nuestro entorno la emigración ha sido lenta y proveniente de países que fueron sus antiguas colonias, donde sus emigrantes hablaban su misma lengua; los españoles se han encontrado con una emigración acelerada que les ha desbordado, con emigrantes que no hablan nuestra lengua y del África negra, donde la presencia colonial española fue ínfima. Y por eso se preguntan muchos, ¿tenemos nosotros que aguantar la emigración ilegal de gente con la que no tuvimos vínculo alguno?

Pues la llegada de esas avalanchas de emigración de gente que nada tenía que ver con nuestra cultura. Ha provocado que los españoles hayan reaccionado, al ver peligrar la existencia de su nación.

Y por más que los gobiernos traten de vendernos que la globalización enriquece; esa mentira no se la traga casi nadie. Pues es la excusa inventada, para justificarse ante su imposibilidad de arreglar el asunto de la emigración.

Renegando de la mano que le da de comer

Seguro que a más de uno le ha pasado, hablar o escuchar a un emigrante decir, que vaya mierda de país, cuando le dan una cita para un médico especialista que demorará meses. Y también oírle echar pestes del país al que ha llegado buscando un futuro mejor. Entonces te quedas pensativo y le preguntas.

-¿Oye si en tu país la situación es mejor, ¿para qué has venido ? -el interlocutor.

-El interrogado responde. – ¡Allí es al instante!

-¿Ah sí? –el interlocutor

-La típica respuesta, para no reconocer que en su país es mucho peor y parece estarte tomando el pelo.

-En muchos países si no pagas con dinero te mueres sin más.

O sea vienen a otro país huyendo de la miseria o falta de medios en sus países y en lugar de estar agradecidos aún demuestran un comportamiento degradante a aquel que le da de comer.
Pero es la reacción normal, en el fondo no quieren reconocer públicamente que han venido porque la vida en sus países era mucho peor.
Entonces su reacción es pasarse alabando las bondades de sus países.
Lo que te da gana de preguntarles, ¿para qué entonces has venido aquí, si allí estabas tan bien?
Tratará de salirse por la tangente argumentando cualquier motivo, menos el que de verdad le ha impulsado a abandonarlo.

En el fondo el emigrante casi siempre es un acomplejado, que como le duele reconocer las cosas con total realidad, le sale la vena patriotera de que en su país es todo mejor.

Hay un dicho que dice que un emigrante húngaro que emigró a los EEUU, buscando una vida mejor, pasados unos años, se encontró con otro compatriota y en una conversación que mantenían ambos, salió el tema de las manzanas.

Y éste le dice a su compatriota, la verdad es que he probado todo tipo de manzanas aquí en los EEUU, pero como las que había en Hungría, nada en comparación. Aquellas sí que tenían un sabor insuperable, una imagen hermosa y que aroma desprendían.

El compatriota le dice, estás seguro de lo que dices. Por supuesto le contesta el emigrante a su compatriota. Tanto es así, que voy a pedir que me envíen una caja de manzanas de Hungría, para volver a sentir aquel sabor.

Le llega el aviso que han llegado las manzanas desde Hungría e invita a su compatriota para que venga a su casa y así saborearlas. Todo ilusionado recoge la caja, notándosele dichoso a no más poder. Se dispone a abrir la caja de manzanas, todo ilusionado, con su compatriota expectante también.

Al levantar la tapa de cartón que cubría las manzanas, se le nota impactado con la visión. El compatriota le dice, vaya que pequeñitas son y la verdad es que no tienen una imagen muy deseable, parecen estar picadas por los pájaros.

Entonces le contesta el emigrante al compatriota, si pero espera a que sientas su sabor.

Muy ilusionados se disponen los dos a degustar las manzanas de su tierra natal. No notándosele a ambos una cara gratificante con su sabor.

Entonces el compatriota le dice, aquí en los EEUU las manzanas son mucho más grandes, tienen un color envidiable, no están picadas por gusanos y un aroma gratificante.

Se miran frente a frente y el compatriota le dice, sabes lo que pasa, que en realidad con los años que llevas aquí, ya habías olvidado la mísera vida del pueblo de cuando salimos de Hungría.

Resignado el emigrante asintió con la cabeza dándole la razón al compatriota. Como diciéndole, cuando estábamos allí, la miseria y el hambre que pasábamos, nos hacía valorar en grandeza esas manzanas pequeñas, de sabor insípido y picadas por los pájaros.

La peligrosidad social

Hay una realidad que es patente y es, que la peligrosidad social ha ido en aumento desde que han empezado a llegar esas oleadas de africanos. Ya que en sus países, nunca mejor dicho impera la ley de la selva, esto es, manda el más fuerte. Ya que allí, muchos tienen una policía corrupta mal pagada, que ni se molestan con los actos de delincuencia violenta. Están por estar y así al menos tener un sueldo (cuando cobran), o al menos con eso de que son la autoridad, cometer toda serie de atropellos para lograr su sustento y buscar enriquecerse. Por lo tanto a llegar a los países europeos vienen con esa idea de "la ciudad sin ley", de que podrán hacer lo que les venga en gana con total impunidad. Idea que se ve reforzada, al comprobar que en los países europeos se respetan los derechos humanos y por lo tanto no se cometen los atropellos que si ocurren en sus países. Lo cual les hace envalentonarse y plantar cara a las autoridades, con la seguridad de que no se encontrarán con un tiro, como si les pasaría en sus países.

Ya sé que la cantinela de siempre es, que eso es puro racismo, que no es verdad que los inmigrantes que llegan ilegalmente vayan a cometer más delitos que los nacionales. Pero las estadísticas están ahí, en todos los países europeos que han sido receptores de africanos el índice de delincuencia viene ocupado en primer lugar por el colectivo de inmigrantes ilegales.

Cuáles son las razones, pues muy simples, en primer lugar porque saben que no pueden repatriarles, por lo ya mencionado, que llegan indocumentados y si hacen pesquisas en sus posibles países, éstos no tienen siquiera registro la mayoría, con lo cual no se puede demostrar de dónde son. Y en caso de que se consiga demostrar, como es obvio el país no mostrará actitud colaborativa alguna. Ya que si no puede sacar un rendimiento de él, que por lo menos se libre de una boca más que tener que alimentar. Por lo tanto se desentenderá del asunto. Vienen de unas culturas donde el respeto por los valores y derechos humanos no existe.

Saben que su vida no va a peligrar, como ocurre en sus países, si sacan "los pies del tiesto". Ya que allí si cometen una violación, pueden llegar inclusive a pagar con la muerte o quedar impunes.

Las leyes de los países europeos son las más permisivas y donde será muy difícil que vayan a la cárcel. Y como ya se han acostumbrado que entran por una puerta en comisaría y salen por la otra, ¿qué respeto van a sentir por las fuerzas armadas?

Además la coyuntura les ayuda, ya que está de moda salirse con eso de que eres racista, si tienes una trifulca con alguno de los africanos que han llegado ilegalmente. Y como son conscientes de que no vende eso de culpar al emigrante ilegal, saben que los políticos indicarán a los cuerpos policiales, que tengan cuidado de no generar una idea entre la población de que se les persigue. Vamos, como que solo por el hecho de ser emigrante ilegal, te habilita para hacer lo que te dé la gana. Y ellos lo saben, por eso delinquen descaradamente, delante mismo de las fuerzas de seguridad, dada la impotencia de éstas, por culpa de los políticos.

Como ejemplo tenemos la cantidad de población reclusa de inmigrantes que hay en las cárceles, un tercio es de inmigrantes, frente a un 2/3 de nacionales. Siendo los marroquíes, el colectivo mayoritario. Teniendo en cuenta que la población nacional es mucho mayor que la de extranjeros, eso nos indica como la peligrosidad social está mucho más extendida en ellos.

Población reclusa

Al gobierno como es obvio no le interesa que se hable mucho de esa cuestión. Ya que no le interesa, mejor mantener engañada a la población, que si no se pueden incentivar una cultura xenófoba si se sabe la realidad.

La población reclusa extranjera no para de crecer, por la llegada masiva y descontrolada. Habrá los hipócritas como siempre, que dirán, pobrecitos, como se ven marginados se ven obligados a delinquir.

El porcentaje de marroquíes presos cuadruplica el porcentaje de marroquíes residentes en España. Y así pasa con casi todos los colectivos de inmigrantes ilegales.

Después obviamente, también condiciona, su situación ilegal. Él ha decidido entrar por las bravas, esto es, voy a entrar sea legal o no, sí o sí. Por lo tanto una persona que está en situación ilegal, lo normal es que acabe haciendo parte del mundo marginal. Allí encontrará su sustento o aspiraciones económicas, para lo que vino. Al darse cuenta que la película que le vendieron, fue una mentira.

Como es natural, en un país donde el imperio de la ley se aplica, provocará que todos esos inmigrantes ilegales, que les importa un bledo la ley, acaben siendo detenidos por delinquir. Además, ellos tienen el aliciente que saben de sobra que aquí las condiciones carcelarias, no son ni por asomo lo terribles que son en su país. Y eso hace que teman mucho menos la privación de libertad.

La sociedad se enfrenta a un fenómeno que no para de ir en aumento. Haciendo a muchos añorar tiempos pasados, cuando no había el grado de peligrosidad social que hay actualmente, por culpa de la inmigración ilegal descontrolada. Donde antes la gente podía circular por las calles o dejar inclusive la puerta de su casa abierta, sin temer nada.

Por lo tanto lo único que ha pasado es, que se ha producido el efecto contagio en los nacionales. Pues como suele pasar siempre en la vida, todo se pega menos lo bueno. Y eso ha hecho que haya cambiado el comportamiento de los nacionales ya que, si observan que el que ha llegado ilegal de fuera, puede hacer lo que le dé la gana, con la impunidad que le otorga precisamente su situación de ilegalidad y de insolvente, fomenta que otros copien ese proceder.

Antes existían los carteristas de guante blanco de toda la vida, que te substraían el dinero del bolsillo sin enterarte. Y hasta en algunos casos se daba la sorpresa de que, te habían vaciado la billetera y ésta aparecía dentro del bolso de tu mujer.

Hoy en día se ha impuesto el robo con violencia, importado de aquellos que han venido de otras latitudes. Donde el valor de la vida no vale un céntimo.

Por desgracia eso ha hecho que la violencia haya aumentado mucho en comparación como antes de las oleadas de emigración ilegal.

Haciendo que esa inseguridad, haya hecho cambiar mucho el comportamiento humano de los transeúntes. A los cuales observas en la mirada, la desconfianza de todo aquel que se acerca a ellos. Resumiendo, esa es una más de las basuras que nos han traído, esos "salvadores" que no hacen más que delinquir.

La tetra del refugiado

Una cosa que ya se ha hecho habitual entre todos los emigrantes ilegales es, solicitar el derecho de refugiado, tan pronto llega a territorio nacional. Ese derecho que ha existido siempre, ahora se ha disparado entre la inmigración ilegal. Como una forma más de dificultar y dar largas de tal forma, que de manera alguna pueda ser deportado del país.

Además, como cuentan con el asesoramiento de todas las ONGs, que les proporcionan todos los medios para dificultar, se lo ponen en bandeja, ofreciéndoles abogados gratuitos, para que se pueda entorpecer y hasta hacer inviable su expulsión del país.

Aleccionados por los que les antecedieron, en cuanto llegan solicitan el derecho de refugiado político. Como primera medida, en su labor por complicar su procedencia. Por eso, es el motivo que todos esos "refugiados" lleguen indocumentados. Ya que proceden de países donde el control de sus nacionales es casi una quimera y si no se deshacen de todos sus documentos. Dándose el caso que muchos no saben ni la edad que tienen, teniendo que determinarse una ficticia. Como muestra de cómo son los controles demográficos de su país.

Una de las cosas es, mentir sobre el país de procedencia y siempre dirán uno al cual no pertenecen, para provocar un retraso con el consiguiente entorpecimiento.

Con todos esos motivos, el poder llegar a demostrar que no son refugiados políticos, se hace tarea casi imposible. Por eso la mayoría se queda aquí.

Y a los pocos que se consigue identificar su procedencia, toca ponerse de acuerdo con su país, para que acepte su repatriación. Que como es obvio, llevará emparejada, la obtención de un beneficio económico por dicho país, por aceptarlo. Total con tantos trámites, el tiempo máximo de detención ya ha transcurrido y ha sido puesto en libertad. Ponte después a buscarlo por todo el país, donde ya tratará él de diluirse.

Vamos en resumidas cuentas, que la picaresca del inmigrante ilegal, ha tomado el pelo al gobierno y se ha salido con la suya. Y como en el país no hay de verdad una policía de emigración, encargada de localizar a los que tienen una estancia irregular, hace que se vivan situaciones patéticas dejando en ridículo a la autoridad.

Todos esos emigrantes ilegales, pasan al submundo oculto, donde en parámetros estadísticos, simplemente no existen. De ahí que cuando se dan cifras de la cantidad de emigrantes ilegales que hay en el país, éstas son falsas, no se ajustan para nada a la realidad. Cosa que de manera encubierta, hasta favorece al gobierno, para dar una cifra de inmigración irregular más a la baja de la que en realidad hay.

La dejadez de los políticos, va haciendo que esos guetos vayan creciendo más y más, comprobándose que el grado de impotencia, les hace casi, mejor mirar para otro lado que afrontar la realidad.

Las ayudas a los inmigrantes

Ese es otro fenómeno, que está viviendo la población nativa frente a los que llegan. De que reciben más ayudas los emigrantes que llegan de otros países.

Teniendo en cuenta que la población emigrante, representa más o menos el 10% de la población del país, cosa que habría que poner en duda, pues hay una cantidad mayor que no aparece en datos estadísticos, las ayudas son mucho mayores para ellos. Ya que hay un 40% de emigrantes que se acogen a dicha ayuda. Pues los datos estimados dicen que reciben la ayuda 3 españoles por cada 1000 personas, frente a 15 por cada 1000 entre la población emigrante. Como su estado de precariedad, normalmente es mayor que el de los españoles, las ayudas de alquiler, guardería; van destinados a ellos. Eso hace que los españoles se vean perjudicados, a pesar de ser pobres también.

O sea que por culpa de la llegada sin parar de inmigración ilegal, hace que muchos de los del país no puedan acceder a esas ayudas aunque también las necesitan, ya que los que llegan son más "pobres de solemnidad".

Así está montado esto, de manera que el dinero que iría destinado a los pobres españoles, se lo acaban llevando los que llegan de fuera. Por lo tanto en lugar de sacar de la precariedad a los del país, sacamos a los que vienen de otros países.

De ahí, que cuando se quiere optar a una guardería, a una vivienda, se da preferencia a los inmigrantes, puesto que según baremo, son más pobres que los de aquí.

Lo cual hace que más de uno se quede perplejo, al comprobar que paga impuestos, cotiza a la seguridad social, para que después los presupuestos del gobierno, vayan destinados a aquellos que ni pagan impuestos, ni cotizan.

O sea que me venden la película que hay que ser solidarios y me encuentro que en lugar de ayudar a los pobres del país, ayudamos a los que vienen de otros países para mejorar su vida.

Y vaya si la mejoran, salir de países depauperados, llegar al país receptor y darte cuenta que eres un privilegiado con más ventajas que a los propios nacionales del país.

Por desgracia, detrás de esto, está oculto el politiqueo, que se apunta a todo aquello que pueda redundar en réditos electorales. O sea lo que vende de cara a la galería, para hacerse la foto y encandilar a sus electores, con el que, hay que bueno es.

Rehenes de la inmigración ilegal

La sociedad, claro que se da cuenta de lo que está pasando y de cómo sus intereses están siendo pisoteados.

Pero existe el temor a ser tachado de facha y racista, si manifiestas la más mínima expresión de que hay que controlar la emigración ilegal. Y como la gente no quiere ser señalada, por esa clase de "progres", que lo único que hacen es ser unos simples hipócritas que van a lo suyo y solo se manifiestan en contra de todo lo que tenga que ver contra dicha emigración. Pues como buenos demagogos, tratan de quedar bien de cara a la galería, aunque en el momento que les vaya a afectar a sus bienes, salten.

Por eso la gente al dar esa sensación de atemorizada, calla, ya que hay que parecer lo correcto, aunque no lo sea.

Tenemos muchos políticos que se mueven al vaivén de las olas, hoy dicen una cosa, mañana otra y pasado ya ni se acuerdan de lo que han dicho.

Si os fijáis bien, comprobaréis que ahora se ha puesto de moda, poner a un negrito detrás del candidato al gobierno de cada partido político, en cada reunión.

Se busca dar una imagen de lo políticamente correcto y la gente tiene sumo cuidado, con lo que dice, porque si no enseguida te tacharán de racista.

Eso está creando que haya una sociedad hipócrita de doble cara, por un lado está lo que piensan. Y la realidad es, que la gente está hasta las narices con esta invasión migratoria que es lo que piensa, pero después de cara a la galería suelta frases demagogas, en las que se nota que han sido únicamente pronunciadas, para que los demás tengan un concepto muy bueno de nuestra persona. Aunque esos mismos, piensen exactamente lo mismo.

Lo políticamente correcto

Sería maravilloso que viviésemos en un país chauvinista, pero la realidad no es esa. Y por lo tanto sé que no queda bien políticamente correcto, no aplicar una política de puertas abiertas, que entre todo aquel que quiera en busca de una vida mejor; etc. Salvo para los demagogos, que venden esa imagen hipócrita, en que pregonan algo que saben que no es factible en realidad. Pero como queda muy bien de cara a la galería, nos venden esa película.

Puede parecer cruel, que uno no se apiade de todos aquellos que padecen las miserias y necesidades de éste mundo. Pero la realidad es, que eso no es viable, pues si estos factores fuesen finitos, cabría pensárselo, pero al revés es un mal infinito que nunca tendrá solución. Ya que siempre habrá lugares en el planeta en que vivimos, donde habrá miseria y necesidades.

La solución como ya se mencionó con anterioridad, no es acoger, primero porque eso sería una suma y sigue eterno y segundo porque no es algo que llegue de forma pausada que permitiese ser absorbido, sino que llegan oleadas de personas.

Por ejemplo, si hiciésemos la política que pregonan los demagogos, ¿cuál sería la situación del país si llegasen 120.000.000 de personas con la política de puertas abiertas? Pues sería simplemente un caos, puesto que ya estamos padeciendo los problemas que originan todos aquellos inmigrantes ilegales que llegan, cuanto más cómo sería si llegase tal avalancha.

O sea, que el planteamiento lógico es, buscar la solución invirtiendo en los lugares de origen. En lugar de estar parcheando con la política de acogimiento. Esa sería una solución definitiva, ya que el que vive en su lugar de siempre, no tendría necesidad de abandonar su pueblo o ciudad. Pero para eso hay que haber una voluntad de verdad, no vivir sumergidos en multitud de intereses que hacen el juego con la desgracia de otros.

Los países de Europa, si de verdad quieren luchar contra la inmigración ilegal, deberían plantearse empezar a invertir, en África. Ya que así se conseguiría asentar a los habitantes del lugar, creando puestos de trabajo con una mano de obra que les saldría más barata. Pues teniendo una vida mínimamente viable, nadie se lanza a la aventura de salir a lo desconocido.

El reparto de la riqueza mundial es lo único que de verdad conseguirá minorar este mundo de desigualdades en que vivimos.

De nada vale enviar dinero a esos países, pues por desgracia la inmensa mayoría están gobernados por políticos corruptos. Que no sienten el más mínimo interés por subsanar las necesidades de su pueblo. Sino que son auténticos depredadores, que solo buscan saquear las posibles riquezas de sus países, cuanto más las ajenas.

Proyectos de subsistencia, para optimizar los recursos de esos países, es lo que se debería de aplicar. Dos males endémicos en África, sobre todo en la subsahariana son, la sequía que arrasa las cosechas de sostenimiento de las familias de muchos países.

Pues que Europa se implique construyendo embalses y diques para contener el agua, ya que cuando hay las lluvias torrenciales, se aprovecharían esos recursos hídricos, en lugar de que en determinadas épocas se desperdicien esas riadas que inundan todo. Así se aprovecharía esa agua para los riegos, para garantizar las cosechas y la vida del ganado, para paliar la necesidad que falta durante el resto del año.

Muchos países que son semidesérticos, poseen muchas horas solares, por lo tanto habría que optimizar el recurso solar, en lugar de desperdiciar ese Sol. Que irradia gratuitamente sus territorios, lo que permitiría que con la instalación de placas solares, permitiese cubrir prácticamente las necesidades energéticas de esos países y hasta de vender los excedentes. O sea se trata de optimizar los recursos que cada país posee.

Israel, país pionero en el cultivo de productos agrícolas, que ha regenerado zonas desérticas transformándolas en auténticos vergeles, podría aportar sus conocimientos para que esas zonas desérticas inmensas de África se transformasen en vergeles, que originarían puestos de trabajo, producción agrícola para el sostenimiento alimentario de esos países y venta de los excedentes.

Entonces te planteas, ¿no deberían los países ricos del mundo contribuir a un fondo para lograr esas mejoras en África?

Así se acabaría en gran medida esa huida de los pueblos de esas zonas y el problema que están padeciendo los países europeos, que están siendo literalmente invadidos.

¿Qué es lo que pasa entonces? Pues lo de siempre, que mucho se habla de la solidaridad entre los países, pero la mayoría de las buenas intenciones, no pasan de la palabrería. Parece como si esos países fuesen conscientes que para que ellos tengan un nivel de vida alto es necesario que haya países pobres y necesitados.

Pues creo que con esos tres pilares tan básicos se solucionarían muchos problemas que son los que crean el drama de la inmigración. Además de implicarse en una política de control de la natalidad en África, pues la población se está duplicando cada pocos años. Instaurando en las escuelas una educación sexual, que les haga tener hijos de manera responsable, no seguir pariendo como conejos. Pues obvio es, que si la tasa de natalidad no para de crecer alarmantemente, no habrá medios por mucho interés que se ponga, para alimentar a una población que se dispara.

Por lo tanto lo que es necesario es cambiar el chip y en lugar de ver a algunos países como lugares de saqueo y explotación, verlos como lugares de cooperación, para paliar este fenómeno que asola al mundo actual, que es la inmigración ilegal descontrolada.

¿Apostar por la solución o paliar los problemas definitivos?

Está claro, que suena muy utópico todo esto, como cosas que solo suceden en cuentos de hadas.

Esto es un, cada uno por sí y dios por todos. O sea, sería demasiado bonito, que de verdad las naciones fuesen solidarias y buscasen acabar con la necesidad y miseria del mundo.

Vivimos en un mundo que es una auténtica jauría, donde solo se busca la obtención de la riqueza, dando igual los métodos que se empleen para ello. Y los países no son ajenos a eso.

Con el fin del colonialismo de las naciones europeas en el continente africano, las multinacionales han tomado su lugar con ese nuevo neocolonialismo. Siguen explotando las riquezas minerales del continente negro. Pues se aprovechan de la coyuntura que hay con los políticos de esos países, donde se puede robar, siempre que dejes robar al que gobierna.

De ahí que siga habiendo esa lucha sin cuartel entre los países, por intentar saquear los recursos ajenos del otro. Por lo tanto parece ser que solo cuando el problema haya hecho colapsar el primer mundo de inmigración ilegal, se intentarán tomar medidas, pero para entonces, ya será muy tarde.

Y como de pura lógica, se sabe que o se ataja el problema ahora o ya no tendrá solución, por muy cruel que parezca habrá que tener una política férrea con la inmigración ilegal. Por muy feo que suene, aunque sea una labor muy complicada, ya que intervienen varios factores.

La indefensión

El fenómeno de la emigración ilegal es una de las lacras que asola a las sociedades de los países desarrollados. Por eso se está dando el auge a situaciones xenófobas, ya que muchos países se han dado cuenta que o toman medidas contundes o desaparecerán como tal. Porque ya se sabe que el que quiere mejorar su vida, lo va a intentar de todas las formas, para lograrlo. Y desde luego con una política de "paños calientes", no será la solución.

Los movimientos migratorios son cada día más y llegan en oleadas. Así que, muy a su pesar, los países no les quedarán más que utilizar mano dura. Ya que con eso de las inmigraciones ilegales, entran en juego muchos intereses, sobre todo alimentados por las mafias, como primer eslabón del negocio. Ya que muchos se están haciendo de Oro, a cuenta de la vida de muchos desgraciados, que malvenden lo poco que tienen, para ir al paraíso, donde todos se harán ricos y vivirán muy bien.

De ahí que muchos países, estén intensificando sus controles de fronteras, con instalación de alambradas, muros e instalando tropas en sus fronteras. Dada la magnitud del problema, pues los que tratan de salir y pasar a otro país en su periplo por alcanzar "El Dorado", si no toman medidas el problema que abandona el país de tránsito se les instala a ellos.

Creándose campos de refugiados donde las familias malviven a la espera de continuar su marcha. Lo cual hace que esos países cojan una fama nefasta, que además tiene otras implicaciones económicas, por las sanciones que le imponen los países del primer mundo, que quieren que hagan de gendarmes, para contener la inmigración ilegal.

Si los dejan pasar, serán tachados por los demás países de su entorno de comparsas de las mafias, en el tráfico de personas. Si los detienen en frontera, serán tachados de inhumanos, por no socorrer a todo aquel que llega.

Mientras que las mafias se frotan las manos, con el negocio boyante que se ha hecho de seres humanos. Para ellas es un negocio redondo, no tienen que rendir cuentas ante ningún país, se saltan todas las leyes e incumplen los acuerdos. El rendimiento es total, ya que el gasto es una ínfima parte de lo recaudado. Pues en la mayoría de los casos, en lo que a emigración por el Mediterráneo atañe, solo tendrán que hacerse con algún barco herrumbroso para desguace, que llenarán hasta el máximo, soltándolo a unas millas de la costa.

Después llamar a las ONGs que están financiadas por filántropos, que hacen su gesto de apoyar a todo lo que tenga que ver con la globalización. Pero no por altruismo, sino para así favorecer la coyuntura del capitalismo, que es de lo que viven esos millonarios hombres de negocios.

Con esa actitud están provocando la ruina socioeconómica de algunos países, pero a ellos eso les da igual. Quedan de buenos ante la opinión pública, cuando lo único que hacen con sus donaciones es incentivar para manipular la política del capitalismo a su libre antojo.

De ahí lo complicado de mover las fichas en el tablero internacional, donde se deberá obrar con mucho cuidado, para no quedar a ojos de otros, como los malos de la película a todos aquellos que buscan una emigración regulada, que impida con su entrada masiva, desequilibrar los mercados nacionales.

Mientras que otros haciendo gala de su más puro cinismo, crean esa imagen benévola, que solo hace que ocultar su capitalismo.

Por eso mucho empeño habrá que poner, en la lucha contra esa lacra, pues la mezcla de intereses, hace confundir a muchos y de dar por imposible la contención.

Indudablemente exigirá una política férrea, que con los métodos de hoy en día, es totalmente viable. Para un control de los flujos migratorios económicos.

Así cuando se realicen campañas que exijan la abundancia de mano de obra extranjera, al final de ésta, no haya sido más que un pretexto para hacer un coladero de ilegales en los países.

Emigración sí, pero regulada, según las necesidades de cada país, no que se vea colapsado por una gente que llegó para trabajar en una campaña y después decide quedarse aunque sea de manera ilegal en el submundo.

Si a través de los tiempos se fueron formando diferentes tipos de razas y pueblos, con sus características propias, no va a ser la globalización la panacea, que va a arreglar los problemas del mundo.

Pues la riqueza social del mundo es, justamente que exista esa diversidad. No que se acabe con un "totum revolutum", donde no haya particularidades étnicas, religiosas y sociales.

Lo que hay que lograr por supuesto, es un equilibrio económico mundial, que permita a las personas vivir dentro de lo razonablemente bien.

Desterrar esa idea que ha habido hasta ahora, de que tiene que haber pobres, para que vivan los ricos.

Acabar con esas mareas migratorias por cuestiones económicas, de las masas moviéndose de un lado para otro constantemente. Ya que bastante triste es, tener que dejar atrás todos los lazos que te identifican con una entidad, por tener que buscarse el pan. Con lo cual, los controles demográficos serán algo primordial.

Desde que empezaron a llegar las oleadas de emigración descontrolada, lo que se ha podido percibir es, que en las calles ya no queda nada, de aquella tranquilidad de antaño. Las calles han sido invadidas de bandas latinas, como los Ñetas, Latin King, Dominican d'ont play, Trinitarios; etc.

Violentísimas pandillas criminales, que siembran el terror en las calles, imponiendo la ley del chantaje, así como sufragarse a través del tráfico de drogas. Eso es lo que ha ganado la sociedad, con la llegada de eso que tanto pregona que enriquece.

Las calles en los barrios, con narco pisos, donde los vecinos, tienen que soportar el trasiego constante de los drogadictos que vienen a consumir. Teniendo las familias que soportar que sus niños estén viendo ese panorama e inclusive vivir aislados en sus casas, como si fuese un fortín. Por el ambiente hostil que les rodea, que les hace temer que pueda afectar a alguno de sus miembros.

Puesto que además del mercadeo con la droga, la violencia del ambiente, el peligro del entorno, vives cohibido en tu propia vivienda. Puesto que los que se dedican a ese submundo, les importa la vida un bledo, con lo cual puedes llegar a perder la tuya propia.

La impotencia que se siente, cuando avisas a la policía, comprobando cuando llega, que poco puede hacer, ya que los propios políticos la tienen coartada, en el cumplimiento de la ley. Por lo tanto al que ves que se llevan detenido, al día siguiente le ves campando a sus anchas, otra vez en el mundo delictivo.

Por eso el gobierno tiene que implicarse de verdad y tener unas fuerzas de seguridad del Estado, que dispongan de los medios para imponer la ley y el respeto.

Dotando de efectivos razonables según las necesidades de seguridad, no recortando justamente en esos que impiden que se genere el caos social. Para que todos esos que delinquen, no tomen a las fuerzas de seguridad, como algo de puro cachondeo. Al comprobar la falta de efectivos, las ordenanzas que sacan los políticos para sacar réditos electorales; etc.

Como pasa por ejemplo en las vallas de Ceuta y Melilla, donde para defender toda una valla a veces no hay más que seis guardias civiles para vigilarla. ¿Es así cómo se lo van a pensar todos aquellos que tratan de entrar en el país de manera ilegal?

Hay que dotarlas de efectivos y de medios de disuasión y contención. Como por ejemplo debería ser, que se tuviesen extintores de pimienta, para disuadir de trepar por las vallas a las oleadas que llegan.

Pero no, enseguida saldrán las ONGs, que dirán pobrecitos, que eso les hace que les piquen los ojos y les pueda faltar el aire. Vamos, que más bien quieren que haya una policía de adorno.

Y claro la presión social hace que el gobierno viva condicionado a dar órdenes a las fuerzas de seguridad del Estado, que hagan que están, pero como si no estuviesen.

Vamos que esto es un cachondeo y las mafias y los emigrantes ilegales lo saben. Aprovechándose de la coyuntura se va dando largas al problema, como si por arte de magia fuese a desaparecer.

Mal asunto, si ante un asunto como ese, un Estado se ve rehén de la situación. Lo que no hace más que corroborar de su ineficacia total de afrontar el problema. Y créanme, es por falta de voluntad, pues otros países han conseguido paliar el problema.

Conclusión

Viendo toda esa patulea de demagogos e hipócritas que pululan por los medios, parece que vivimos en un maravilloso país idílico de cuento de hadas. Donde todo es fantástico y nos importa una mierda el momento.

Parecen como indicar, no hay solución, por lo tanto solo queda resignarse. Que es la situación cómoda del que no se quiere ver salpicado por algo que no da réditos, como es hablar de la inmigración ilegal.

Como si nos invitasen a seguir soñando con estanques de colores, mientras continúa el problema.

Cuando hay elecciones a la vista, todos van a poner medios para arreglar el problema. Pero después la realidad es que no hacen absolutamente nada.

Da la sensación que cuando salen noticias de otros países donde el populismo va ganando terreno ante el problema; algún político saldrá diciendo... que malos son, son malvados por no ayudar; etc. Como si no se diesen cuenta que el germen del problema se va gestando cada día más y en ese silencio político de lo que no vende, hace que la sociedad se dé cuenta que está totalmente abandonada.

Después saltarán las alarmas, de que la xenofobia está creciendo alarmantemente. Pero es que es algo normal, ya que una cosa es ser solidarios con algunas situaciones y otra es dejarte comer el terreno por esos foráneos que vienen buscando su bienestar. Pero parece que los políticos no se dan cuenta que la sociedad está harta, al darse cuenta que una cosa es ser hermano y otra muy distinta es hacer el primo.

Aquellos tiempos de paz y seguridad han pasado y muchos los añoran. Cuando podías salir a la calle a altas horas de la noche sin ver peligrar tú persona.

Pero ya no son más que recuerdos de un pasado que fue mejor, ya que ahora con toda esa morralla que ha llegado, la peligrosidad está al orden del día.

Esa es la riqueza que hemos ganado, que tanto pregonan los políticos hipócritas, haciendo uso de una demagogia desmedida.

Cuando dicen, viva la globalización y el multiculturalismo, que nos enriquece.

Eso demuestra con que desdén nos toman en cuenta, como si fuésemos auténticos gilipollas que no nos enteramos de nada.

Eso sí, ellos con escoltas y todos los sistemas de seguridad posible en sus viviendas y negocios.

Te paras a pensar, si tanto nos enriquece la llegada incesante de inmigración ilegal, no se entiende tanta seguridad para ellos.

Pero claro es que es muy fácil hablar y después no pregonar con el ejemplo, como si te mirasen por encima del hombro, de que ellos no son unos mindundis como nosotros. Vamos que pertenecen a la clase elegida y no pensaremos que van a tener un trato igual que el vulgo. La falta de contundencia, ha hecho crecer a los partidos de extrema derecha, ya que parece que el ser izquierdas significa que les importa un bledo el problema.

En este país, da la sensación que solo si eres de extrema derecha, puedes tener identidad de nación. Por eso se comprueba que esos que se llaman de izquierdas, pactan con esos que buscan la destrucción de la nación, con tal de gobernar.

Vamos que les importa una mierda su país, o eso parece.

El día de mañana vendrán los arrepentimientos, de la desidia empleada en el pasado. Pero ya no habrá vuelta atrás, por eso es ahora el momento de reaccionar, si no queremos padecer en el futuro las consecuencias.

Se nota que el hartazgo social ante el fenómeno, está provocando que en algunos sectores haya una reacción espontánea. Por eso ahora algunos partidos se manifiestan sobre el asunto de la inmigración ilegal, de forma no tan tímida. Pero ya es algo, pues antes la inacción de abordar el asunto era total, como temerosos que el manifestarse abiertamente, pudiese traerles consecuencias negativas electoralmente.

Pero como pasa con todo, ese goteo incesante llega a un momento que desborda, provocando un movimiento social innato.

Ojalá no sea tarde y aún se pueda enmendar lo que los que nos antecedieron dejaron por hacer.

Y asegurar un porvenir a nuestros hijos, que no les haga renegar de los que les antecedieron, por dejarles un país, que por su desidia, les ha dejado una bomba de relojería de la inmigración ilegal descontrolada.

Pues la inmigración controlada es positiva para el que llega como para los que son los nacionales del país. Y es entendible que haya gente que busca mejorar su situación económica, pero no puede ser que su llegada, por la desidia del Gobierno, llegue gente que viene como turista se acaba su tiempo de permanencia legal y las autoridades ni se enteran, pasando esa gente a ocupar los lugares de la marginalidad. Como diciendo, aquí vives ilegal y no te pasa nada, mientras no te metas en problemas, solo es cuestión de esperar que pase el tiempo y que ese ilegal, se acabe legalizando.

Y a muchos de esos que han llegado para mejorar su vida, no significa que tengamos que aceptar también sus malos hábitos. Trabajar honradamente sí, pero no enquistarse en la sociedad formando sus guetos.

FIN

El autor

Mi vida ha transcurrido entre dos continentes, Europa y América, nacido en Madrid - España y vivido en Río de Janeiro - Brasil. Fruto de la emigración de mis padres, habiendo vivido parte de mi infancia y adolescencia allí.

Siento un gran orgullo de expresarme en este maravilloso idioma, llamado español. Ya que es una entidad que atesoramos todos sus hablantes, frente a la pujanza de los medios en inglés. Presente en los cuatro continentes, mantenerlo vivo y fuerte es cosa que se corrobora en que cada día hay mayor número de hablantes en el mundo e interés por su aprendizaje.

Quiero dejar un matiz, que es una pena, que muchos de los hispanohablantes de los EEUU, se sientan ciudadanos acomplejados y que se avergüenzan de mantener su entidad. Ya que produce tristeza observar como hay padres que les hablan a sus hijos únicamente en inglés. Ya que éstos desconocen saber hablar nuestro idioma, aunque lo entiendan. Como si hablarlo fuese algo que sus progenitores han intentado desterrar, con el fin de eliminar cualquier rastro que los identifique como hispanos y que les haga sentirse ciudadanos de segunda clase. Cuando deberían justamente sentirse muy orgullosos de hablar uno de los idiomas más ricos de la literatura universal.

Siempre sentí interés por escribir, como forma de plasmar mis pensamientos. Pero por diferentes avatares de la vida, lo fui posponiendo. Ahora ha llegado el momento de dar rienda suelta a la fluidez de ideas, dejándolas escritas.

"Escribir es una forma de luchar contra el embrutecimiento de la barbarie humana".

Madrid, 22 de Abril 2019

A. Toledano de Diego